大学生创新创业思维与能力培养研究

黄 庆 著

北京工业大学出版社

图书在版编目（CIP）数据

大学生创新创业思维与能力培养研究 / 黄庆著. —
北京：北京工业大学出版社，2022.2
ISBN 978-7-5639-8272-1

Ⅰ. ①大… Ⅱ. ①黄… Ⅲ. ①大学生—创业—研究
Ⅳ. ①G647.38

中国版本图书馆 CIP 数据核字（2022）第 035160 号

大学生创新创业思维与能力培养研究

DAXUESHENG CHUANGXIN CHUANGYE SIWEI YU NENGLI PEIYANG YANJIU

著　　者：黄　庆
责任编辑：张　娇
封面设计：知更壹点
出版发行：北京工业大学出版社
（北京市朝阳区平乐园 100 号　邮编：100124）
010-67391722（传真）　bgdcbs@sina.com
经销单位：全国各地新华书店
承印单位：河北赛文印刷有限公司
开　　本：710 毫米 ×1000 毫米　1/16
印　　张：11
字　　数：220 千字
版　　次：2022 年 2 月第 1 版
印　　次：2022 年 2 月第 1 次印刷
标准书号：ISBN 978-7-5639-8272-1
定　　价：72.00 元

作者简介

黄庆，女，1967年生，广西壮族自治区南宁市人，毕业于北京师范大学，硕士研究生学历，现为广西财经学院副教授，高级创业指导师、高级心理健康咨询师。主要讲授“创业基础”“广告学专业导论”和“品牌管理”等课程。研究方向：品牌与广告传播、创新创业教育。主持广西一流社会实践课程“创业基础”；主持和参与完成广西哲社课题三项；主持并完成广西教改课题七项，发表论文十余篇；主持并获得广西教改成果二、三等奖各一项，参与获得广西教改成果一等奖两项、二等奖一项。

前　言

当前高校对大学生创新创业思维与能力的培养有待加强，创业教育与专业教育的耦合度仍须提升，创新与创业实践教育的联系不够密切，使得大学生创新创业思维与能力有所欠缺。基于创新创业教育现状，有必要从大学生创新创业思维训练着手，逐步打破创业与专业教育的界限，构建层次渐进的集基础教育、仿真教育、创业实战于一体的实践教育体系，并对其实施路径进行有效探索，为创新创业实践教育在创新创业思维与能力培养方面提供一种新的思路和方式。

全书共七章。第一章为绪论，主要阐述了创新创业的内涵、我国经济发展的历程与创新创业的影响因素、创新创业教育的发展历程等内容；第二章为大学生创新创业教育的现状，主要阐述了国外大学生创新创业教育的现状、国内大学生创新创业教育的现状、“互联网+”背景下大学生创新创业面临的机遇与挑战等内容；第三章为大学生创新创业思维的拓展，主要阐述了创新创业思维基础和创新创业思维拓展等内容；第四章为大学生创新创业技法，主要阐述了头脑风暴法、组合创新法、列举分析法、设问检查法、逆向转换法等内容；第五章为新时期大学生创新创业能力的培养，主要阐述了大学生创新创业能力概念阐释、大学生创新创业的能力素质、大学生创新创业能力的培养策略等内容；第六章为大学生创新创业实践，主要阐述了大学生创新创业实践面临的问题、大学生创新创业实践平台的建设、大学生创新创业实践的优化途径等内容；第七章为新时期大学生众创空间的建设，主要阐述了大学生众创空间建设概述、大学生众创空间的运营机制、大学生众创空间科技成果的转化与发展趋势等内容。

为了确保研究内容的丰富性和多样性，笔者在写作过程中参考了大量理论与研究文献，在此向涉及的专家学者们表示衷心的感谢。

限于笔者水平，本书难免存在一些不足，在此，恳请同行专家和读者朋友批评指正！

目　录

第一章　绪　论

近年来，高校每年毕业生的数量不断增加，“就业难”成了很多人面临的问题。当今社会飞速发展的同时，人们的生活方式、生活需求也在发生着很大的变化，因此很多“有头脑”的大学生瞄准市场、抢占先机，开始了创业的旅程。本章分为创新创业的内涵、我国经济发展的历程与创新创业的影响因素、创新创业教育的发展历程三部分。

第一节　创新创业的内涵

一、创新的定义

创意对创新具有始动功能，没有创意，创新就不可能存在。创意可以证明每一个人都具有创造力，由此也破除了创新的神秘感。创意是思维过程，创造是把这种设想物化为有形的新产品，创业是利用新产品创建一个新事业，因此无论是创意、创造还是创业，整个过程都是创新。

（一）创新的由来

1912 年，经济学家约瑟夫·阿洛伊斯·熊彼特（Joseph Alois Schumpeter）在他的德文著作《经济发展理论》中首次提出了创新的概念。他认为，创新就是把生产要素和生产条件的新组合引入生产体系，即“建立一种新的生产函数”，其目的是获取潜在的利润。他的理论一开始并没有引起人们足够的重视，直到 1934 年他的作品用英文出版后，才引起了学界的广泛关注。20 世纪 90 年代，我国把“创新”一词引入了科技界，形成了“知识创新”“科技创新”等各种提法，进而扩展到社会生活的各个领域，如今创新的说法几乎无处不在。

（二）创新的概念

“创新”的英文是“innovation”，起源于拉丁语“innovare”，释义为“更新、变革、制造新事物”。《现代汉语词典》中对“创新”的解释是“抛开旧的，创造新的”。

创新的含义是，以现有的思维模式提出有别于常规或常人思路的见解为导向，利用现有的知识和物质，在特定的环境中，本着理想化需要或为满足社会需求，进而改造或发明，并能获得一定有益效果的行为。创新是以新思维、新发明和新描述为特征的一种概念化过程。创新是人类特有的认识能力和实践能力，是人类主观能动性的高级表现形式，是推动民族进步和社会发展的不竭动力。

在我国研究与实践领域，凡属突破传统，具有开拓性的思想、行为、成果等都称为创新，即广义的创新概念，也是国内比较倡导的一个概念。它涉及理论创新、观念创新、科技创新、体制创新、制度创新、管理创新、市场创新、文化创新、教育创新等几乎所有领域。

创新一定是人们能动地进行的首创性活动，是破旧立新、与时俱进，是一种新的价值的实现或者是新思想、新概念在实际生活中的成功运用，也可以是形成新思想、新观念和新理论的过程，更可以是一种精神境界。

（三）创新的内涵

1. 哲学内涵

从哲学层面看，创新是人的实践行为，是人类对发现的再创造，是对物质世界矛盾的再创造。创意是创新的特定形态，意识的新发展是人对自我的创新。发现与创新代表两个不同的创造性行为。只有对发现的否定性再创造才是人类产生及发展的基本点。实践是创新的根本所在。创新的无限性在于物质世界的无限性。

创新的哲学内涵概括起来有以下五点。

①物质的发展。物质形态对我们来说是具体矛盾。我们认识的宇宙与哲学的宇宙在哲学上代表了实践的范畴与实践的矛盾两个不同的含义。创新就是创造实践范畴的新事物。任何有限的存在都是可以无限再创造的。

②矛盾是创新的核心。矛盾是物质的本质与形式的统一。物质的具体存在者与存在本身都是矛盾的。任何以人的自我内在矛盾创造的新事物都是创新。

③人是自我创新的结果。人以创新创造出人对自然的否定性发展。这是人超越自然达成自觉自我的基本路径。人的内在自觉与外在自发构成规律在物质的总体上形成对立的内在必然与外在必然的差异。创新就是人的自觉自发。

④创新是人自我发展的基本路径。创新与积累行为构成一个矛盾发展过程。创新是对重复、简单的劳动方式的否定，是对人类实践范畴的超越。新的创造方式创造新的自我。

⑤从认识论上看，创新是自我意识的发展。自我意识的发展是自我存在的矛盾面，其发展必然推动自我行为的发展，推动自我生命的发展。

2. 社会学内涵

从社会学层面看，创新是指人们为了发展的需要，运用已知的信息，不断突破常规，发现或产生某种新颖、独特的有社会价值或个人价值的新事物、新思想的活动。创新的本质是突破，即突破旧的思维定式、旧的常规戒律。创新活动的核心是“新”。它可以是产品的结构、性能和外部特征的变革，或者是造型设计、内容的表现形式和手段的创造，也可以是内容的丰富和完善。有人认为，创新是创新主体为解决创新实践中提出的问题，通过实践活动而实际地改变现存事物，形成新的价值观念、新的战略部署、新的概念设计、新的制度体制、新的活动方式、新的关系模式等，从而创造或增加其经济价值或社会价值，推动人类社会的进步和发展的精神性或物质性活动过程。

3. 经济学内涵

从经济学层面看，对创新内涵的理解一般包括狭义和广义两个层次。

狭义的创新就是技术创新，即从新思想产生，经过研究开发或技术组合，到产品设计、试制、生产、营销各环节，并产生经济和社会效益的商业化全过程。其中，“新思想”是指新技术、新产品、新工艺、新服务的构想。这些构想可以源于科学发现、技术发明、新技术的新应用，也可以源于用户需求。“研究开发或技术组合”是实现技术创新构想的基本途径。其中，研究开发是指各种研究机构、企业创造性地运用科学技术新知识或实质性地改进技术、产品和服务而持续进行的具有明确目标的系统活动；技术组合是指将现有技术进行新的组合，只需要少量的研究开发甚至不需要研究开发即可实现。“产品设计、试制、生产、营销”是新技术的实际应用过程，是生产新产品，提供新服务，采用新技术对产品、服务、工艺进行改进的过程。“商业化”是指创新的全部活动出于商业目的。“经济和社会效益”是指近期或未来的利润、市场占有率或社会福利等，是创新实现商业目的的重要体现。“全过程”则是指从新构想的产生到获得实际应用的全部过程，如果在新构想、研究开发或者实际应用等某一环节终止了，就不能称之为创新。

广义的创新将科学技术、教育以及政治与经济融合起来，即创新表现为不同参与者和机构之间的交互作用的网络。在这个网络中，任何一个节点都有可能成为创新行为实现的特定空间。创新行为因而可以表现在技术、制度或管理等不同的侧面，如技术创新、工艺创新、制度创新、市场创新、管理创新等。

（四）创新的特点

1. 首创性

首创性即“第一次”，是历史上从未有过的，是“无中生有”或者是“有中生新”。新的变动、新的组合、新的改进等，都是创新。这种创新可以是完全的“新”，也可以是部分的“新”，只要对旧事物有所突破、有所超越、有所改进，与别人的有所不同，就是创新。

2. 时效性

创新作为一种活动，在思想、理论、技术形成或产品投放市场后，经过一定时间会被更新的东西所替代，这种替代使得创新具有时效性。正因为这种时效性，我们在开展探究性教学或者进行科学研究时，就必须弄清项目所处的时期，并对发展的前景进行预测。

3. 成果性

成果性是指创新必须以新的成果体现，不管是物质的还是精神的，是器物的还是制度的。当然，创新过程中会有失败，但失败不是创新，只是创新的一个阶段、一个环节，是不可避免的阶段。

4. 价值性

创新的价值性体现为创新成果产生的社会效益或经济效益，其价值标准是社会性的，以不损害社会利益为前提。与之相反，那些损害社会利益的活动，即便是首创，也绝不是创新。如制造新的毒品、搞新的迷信活动、发明新的计算机病毒等，都不是创新。

5. 综合性

从创新活动的过程来看，创新是许多人共同努力的结果，即多人投入产出活动。它既需要科技人员的理论知识和技术，又需要生产者和管理者的共同联合、协作，这样创新才能达到预期的目的。因此，创新是一项综合性的活动。

二、创业的定义

从“创业”这个概念的汉语语法来看，人们一般在以下三种情况下使用“创业”这一词语：强调草创的艰辛和困难；突出开拓的过程和创新的意义；侧重于在前人的基础上有新的成就和贡献。由美国巴布森商学院和英国伦敦商学院联合发起，加拿大、法国、德国、意大利、日本、丹麦、芬兰、以色列等10个国家的研究者应邀参加的“全球创业监测”项目，把创业定义为依靠个人、团队或一个现有公司，来建立一个新公司的过程，如自我创业、现有公司的扩张等。清华大学的姜彦福、林强、张健等学者指出，创业是一个跨越多个学科领域的复杂现象，不同学科都从其独特的研究视角进行观察和研究，这些学科包括经济学、心理学、社会学、人类学、管理学等，而在各个学科领域又衍生出不同的创业研究方向。学术界关于“创业”的定义，目前尚未完全达成一致。

综观创业概念的有关论述，笔者认为，创业是某一个人或一个团队，使用组织力量去寻求机遇，去创造价值和谋求发展，并通过创新来满足愿望和需求的过程。

从广义的角度去看个人创业，可以理解为一个人根据自己的性格、兴趣、所学专业、能力等选择适合自己的职业，并为这个职业的成功准备各种条件，直至实现自己人生目标的过程和结果。也可以说，这是一个人为了实现自己的人生目标，从事社会发展所需要的工作，并为社会发展做出贡献的经常性活动。

从狭义的角度来看，创业通常指自主创业。自主创业又称独立创业，是指创业者个人或者创业团队白手起家进行创业，是指转变择业观念，以资源所有者的身份，利用知识、能力和社会资本，通过自筹资金、技术入股、寻求合作等方式创立新的社会经济单元，即不做现有就业岗位的填充者，而是为自己、为社会中的更多人创造就业机会。

三、创新创业的定义

创新创业是基于创新的创业活动，既不同于单纯的创新，也不同于单纯的创业。创新强调的是开拓性与原创性，而创业强调的是通过实际行动获取利益的行为。因此，在创新创业这一概念中，创新是创业的基础和前提，创业是创新的体现和延伸。

创新创业与传统创业的根本区别在于创业活动中是否有创新因素。这里的创新不仅指的是技术方面的创新，而且包含管理创新、知识创新、流程创新、营销创新等方面。总之，只要能够给资源带来新价值的活动就是创新。在某一方面或者某几个方面进行创新，进而创业的活动，就是创新创业。没有在任何方面进行创新的创业就属于传统创业。

四、创新与创业的关系

瑞典管理学家凯伊·米可斯（Kaj Mickos）认为，“创业不是创新，创新也不是创业。创业可能涉及创新，或者也并不涉及；创新可能涉及创业，或者也并不涉及”。从现实的角度来看，他的主张是客观的。

创新是创业的基础。创新是指理论、方法或技术等某一方面的发现、发明、改进或新组合，它强调开拓性与原创性；创业是一种思考、推理和行动的方法，目的是把握机会，创造性地整合资源，创办新的企业或开辟新的事业，它强调的是通过实际行动获取利益的行为。将创新的思想或成果用于产业或事业当中，开创新的领域或新的局面，就是创业。因此，创业是在创新的基础上将创新的思想或成果转化为现实生产力的一种实践活动，即创业是具有创业精神的个体与有价值的商业机会的结合，是开创新事业，其本质在于把握机会，创造性地整合资源、创新和超前行动。

创业是创新的载体和表现形式，是创新的体现和延伸。创业的成败依赖创新教育根基的扎实程度；创新的成效，只有通过未来的创业实践来检验。因此，创新与创业的内容结构相互融合，相辅相成。将两者有机地结合在一起称为创新创业。创新创业既不同于单纯的创新，也不同于单纯的创业。创新创业是指基于技术创新、产品创新、品牌创新、服务创新、商业模式创新、管理创新、组织创新、市场创新、渠道创新等方面的某一点或几点创新而进行的创业活动。创新是创新创业的特质，创业是创新创业的目标。

创新与创业内容的相似，并不说明二者可以相互替代。创业者只具备创新精神是不够的，它只是为创业成功提供了可能性和必要的准备，如果脱离创业实践，缺乏一定的创业能力，创新精神也就成了无源之水、无本之木。创新精神只有作用于创业实践活动才能有所体现，最终才有可能取得创业的成功。

第二节　我国经济发展的历程与创新创业的影响因素

一、我国经济发展的历程

新中国成立以来，我国经济发展虽然经历波折，但是宏观经济指标都呈现出上扬的趋势，并在某些年份表现出比其他一些发展中国家乃至发达国家更高的经济增长率。

我国经济发展的第一个阶段也称为国民经济恢复时期，是新中国成立之后的3年。在新中国成立之前，我国处于长期战乱的状态，为了恢复我国国民经济，政府进行了相关的治理与整顿，这才使经济逐步走上正轨。其中，第一产业表现突出，在1952年，我国农业总产值占了国内生产总值的一半以上，从事农业工作的人员占总从业人员的四分之三以上。1953年后，我国开始实行第一个五年计划，此时主要由生产单位、固定资产投资和劳动生产来拉动经济增长，其中最主要的动力是生产单位和固定资产投资，劳动生产对我国经济的拉动力则十分小。

1978年，我国走上改革开放的道路，在1978—1984年这7年的时间里，我国将发展的重点放在农村，大力推广家庭联产承包责任制，促进了农村商品的生产和交换，激发了广大农民的生产积极性，同时，我国农村经济在乡镇企业的大力支持下也得到了巨大的发展。此时，我国经济已经由之前的封锁状态转变为开放型经济，外资不断流入，走上了真正意义上的经济增长之路。

1984—1991年，我国经济走向了第二个阶段。此时，我国经济体制改革重心已从农村转向城市，国有企业成了改革的重点。在这个阶段，我国经济开始迅速发展，个体经济、私营经济、外资经济等分别做了不同程度的贡献，它们在整个经济总额中的占比不断上升。在这一阶段，改革已深入价格机制，我国的经济由封闭型转为开放型，不仅为价格的开放奠定了良好的基础，而且为实现市场资源配置铺设了道路。该阶段的改革让我国从原有的计划经济体制向社会主义市场经济体制进行了转变。

1992—2002年是我国经济发展的第三个阶段。我国在此阶段明确提出了要以建设社会主义市场经济体制为目标，并指出要对金融、财税等宏观经济体制进行改革。此外，在对外开放上，我国积极引入外资，提高对外贸易程度，并于2001年成功加入了世界贸易组织（WTO）。

2002 年至今是我国经济发展的第四个阶段，在该阶段，我国的主要发展目标是进一步完善社会主义市场经济体制。我国在这一阶段曾提出为发展我国经济、充实人民生活，必须进一步健全当前市场经济体制，全面建设小康社会。目前，我国的社会主义市场经济体制已经代替了原来的计划经济体制，并且该体制经过这些年的发展已经越来越完善。以公有制为主体，多种所有制经济共同发展的制度已经确定。非公有制经济也在促进我国经济增长中占据了越发重要的地位。总之，我国经济已与国际经济逐渐接轨，逐步走上国际化的道路。

二、创新创业的影响因素

创新并非一朝一夕产生的，它的形成与人类的发展息息相关，创新能力的出现改变了人类的发展历史。尽管创新在整个人类历史中起着举足轻重的作用，但是经济学家在某些研究中仍然会忽略创新，他们经常只考虑广义上的创新，从而间接地引用创新这个过程。例如，资本累计是学术界长期且经常讨论的话题，其中古典经济学家会专注于市场的表现和进步，而并不会关注创新机制。近年来，随着越来越多的学者研究强调了创新的作用和贡献，忽视创新的这种现象已经逐渐消失。在众多学者的研究中，法格贝里（Fagerberg）和彼特·潘（Peter Pan）对创业的研究比较透彻，因此，这里主要介绍他们提出的一些看法和理论，除此之外还会对创业理论框架进行一定的解读。

早期，法格贝里提出了创新和发明的区别，他指出，发明是一个新产品或新过程的概念第一次出现，而创新是贯穿实践的第一次尝试。同时，他还认为创新和发明之间有着紧密的联系，想要清楚地区分两者十分困难，但是在很多情况下，两者也存在很大的差异，主要表现在发明可能发生在任何地方，而创新往往需要结合能力、知识和技能才能产生，所以说创新的过程比发明复杂得多。

潘和其他众多经济学家均强调突出了创新创业在经济增长中的地位，在经济增长的理论问题上，潘认为影响经济增长的因素有国家环境、社会环境、文化环境、政治环境和技术水平，但是这些因素是不足以解释经济增长的过程的，因为经济增长并不是一个自主的过程，不依赖外界因素，尽管这些因素来自不同方面，但是并没有一个因素能够具体解释经济增长变化的原因，而创新创业会以新的方式整合社会生产资源，因此可以说创业也是影响经济增长的一个因素。潘在之后的研究中指出，企业家作为企业的领导者，并不一定是天才，他们只是将生产资料引导到新的渠道中，并根据利润预测做出创新决策。从潘的观点来看，创业利润是一种超出成本业务收支差异的盈余，在这种情景下，创业者会得益于创新获得更高的成就，产品的改进、商业模式的创新等为创业者创造了一个更好的机遇，实现更高的利润机会。创新在整个过程中为企业带来了发展和利润增长。金融机构在创新创业的过程中也起着非常重要的作用，企业家需要资金及其他金融资源开展他们的创新创业活动。

出于这个原因，适当地规划相关政策来增加储蓄和信贷信用对创业者来说也十分重要。此外，社会环境对一国创业者的创新创业来说也十分重要，良好的社会环境能够鼓励创业活动和促进创新行为，减少社会压力，也会鼓励企业家开展他们的活动。

在一个国家中，企业在市场中发挥着重要作用，尤其是大型企业，对一国的经济发展贡献极大，但是大型企业的发展是离不开中小企业的支持的。随着大型企业业务的开展与扩大，对产品的需求也会越来越大，这就为中小企业提供了机遇。中小企业可以利用它自身专业、分工明确的优势为大型企业提供各项服务，从而又改善和扩大了中小企业的就业机会。也就是说，大型企业对一国的经济来说十分重要，大型企业在发展的同时，可以带动中小企业的扩张和就业；中小企业又能为大型企业带来其所需要的产品和服务，它们之间形成相辅相成的关系，最后为一国经济做出贡献。

学者杰姆（Gem）与潘的观点一致，认为创业过程不是一个简单的过程，它的形成应该与一国的总体环境相关，假如一国具有良好的创业环境，那对创业必然起到积极的影响作用，会激发全民的创业斗志，让创业者发现创业机会，结合社会的有效资源促进新企业的产生，最后促进经济增长。

杰姆通过研究还发现了几点：一是各国创业质量出现差异的原因很有可能是各国的创业环境存在差异；二是与发达国家相比，其他国家的创业率较高，但是成功创业（转变为新创企业）的概率却更低；三是社会制度更加完善的国家创业成功率更高。

所以，根据潘、法格贝里以及杰姆的研究可以概括出，只有成功创业对经济增长存在积极作用，因为企业是一国经济活动的基本实体，只有将创业活动转化为新企业，才会对经济持续增长起到一定的作用。但是，影响创业的因素是十分复杂的，国家整体环境与企业环境相互影响，共同影响着一国的创业活动，经济环境只能说是影响创业活动的众多因素之一。

第三节 创新创业教育的发展历程

一、第一阶段：创新创业教育的引入试点阶段

1998 年，我国拉开了创新创业教育引入试点阶段的序幕。此前，我国对创造教育、创业教育和创新教育进行了一些自发性的探索，在此基础上，从国外引入并开展试点工作，部分高校开展了自发探索与引入试点相结合的创新创业教育，取得了一定的成效。

清华大学和北京大学是该阶段较具代表性的高校。1997 年，清华大学经济管理学院最早在国内 MBA 项目中开设创新与创业方向课程；1998 年 5 月，清华大学开展了首届创业计划竞赛，被誉为创业教育史上具有重要意义的大事记，从此拉开了以创业大赛为模式的创业教育；1998 年，江泽民在庆祝北京大学建校 100 周年大会上指出，“我们的大学应该成为科教兴国的强大生力军。教育应与经济社会发展紧密结合，为现代化建设提供各类人才支持和知识贡献，这是面向 21 世纪教育改革和发展的方向”。

该阶段属于国内创新创业教育的初期，在教育目的方面偏向功利化，较为注重创业的结果，把帮助和引导大学生创办企业作为高校创新创业教育的目标，忽略了高校思想政治教育对大学生创新创业教育的积极作用。

二、第二阶段：创新创业教育与职业发展的对接阶段

2002 年之后，我国创新创业教育进入了第二阶段，开始与职业发展对接，人们也开始从思想政治教育的视角探索创新创业教育。在高校教育理念及教育目标和培养方向上，逐渐从思想政治教育方向切入，创新创业教育理念的更新得到了一些高校的重视，克服了功利化的价值导向，倾向于人才培养的目标，开始了多元探索和人才培养创新实验项目建设。

2002 年 4 月，在许多高校进行自发探索的基础上，教育部开展了创业教育的试点工作，我国最早由政府与高校联合启动创新创业项目的主要有清华大学、中国人民大学、北京航空航天大学等 9 所大学，至此，我国高校创业教育从自发探索阶段进入了多元探索阶段，教育行政部门从行动上开始对其进行引导。

在党和政府的号召和推动下，一些高校相继召开了创新创业学术会议，开始联合组建创业园和创业者协会，相关理论研究也逐渐增加。南开大学于 2003 年

召开了“首届创业学与企业家精神教育研讨会”，清华大学于2005年举办了“亚洲创业教育会议”。2004年初，浙江工贸职业技术学院发起了联合，组建了温州市大学生科技创业园，4所以上高校参与组建，这对全国高校创新创业教育起到了极好的示范作用。此后，全国各高校掀起了一股创建创业园和孵化园的热潮，为今后创新创业试验区建设奠定了基础。创新创业教育的论文及著作从无到有、从有到多，研究内容也从单一的创业教育研究到创新创业教育与思想政治教育融合发展，理论研究的层次和高度也得到了提升。

2008年，教育部批准了100个人才培养模式创新实验区建设项目。这一年，教育部建设了21个创新与创业教育类人才培养模式实验区并取得了较好成效。经过多年的探索，以及创新与创业教育实验区的建设，创业教育理念得到了更新，教育模式也相应进行了转变。试点和实验为在全国高校全面推进创新创业教育起到了重要的榜样和示范作用，这些高校主要有清华大学、北京航空航天大学、上海交通大学、黑龙江大学、南京财经大学，这5所大学的创新创业教育的核心理念均各有特色，但都克服了早些年的功利化价值取向，为我国下一阶段的创新创业教育发展起到了理念上的引航作用。各高校重视思想政治教育的引领作用，尤其在价值取向上，注重用社会主义核心价值观引领大学生进行创新创业。

三、第三阶段：国家推进实施双创战略阶段

我国创新创业教育进入了第三阶段，在前期创新试验区和试点成功的基础上，国家的重视力度加大，各地、各高校支持国家双创战略，重视从大学生思想政治教育的角度开展创新创业教育，注重理念创新和大学生创新创业能力的培养，关注校园文化对大学生的影响。国内各高校在理论研究、学术会议、实践研究方面逐渐成熟，我国进入了创新创业教育全面实践阶段。

2009年，在国家“建设创新型国家”发展战略的驱动下，中山职业技术学院创建了创新创业教育中心，该校在前期与职业发展对接的基础上，积极探索实施符合本校实际校情的创新创业教育新举措，倡导“自行创造就业岗位”的创新创业教育理念，注重培养大学生的创新创业实践能力，重视科研成果对创新创业教育的指导和促进，并将学校的目标定为“培养新生代的创新创业精英”和服务地方经济发展。

2010年，教育部颁行第一个推进大学生创新创业教育的全局性文件——《教育部关于大力推进高等学校创新创业教育和大学生自主创业工作的意见》，并成

立了“教育部高等学校创新创业教育指导委员会”，实现了创造教育、创新教育和创业教育三者的高度统一。这是具有纲领性意义的文件，既明确了教育对象的范围，要面向全体大学生，提出要结合专业教育，又对创新创业教育有了具体的新的价值定位，即要融入人才培养的全过程。该文件也重视思想政治教育与创新创业教育的融合研究，提出了加强理论研究和经验交流以及支撑平台和基地建设的要求，注重培养大学生的创新精神和实践能力。

四、第四阶段：扎实推进创新创业教育阶段

在本阶段，党的十八大胜利召开，党和国家及各级政府部门高度重视就业创业，制定了相关的方针政策，也颁发了一系列的文件，从各个方面支持、鼓励更多的人自主创业，重视思想政治教育与创新创业教育的融合，注重提升劳动者尤其是大学生的就业创业能力。在党和政府的号召下，各地市相继举办了各类关于创新创业的赛事与活动，从地方到高校、从农业到科技等。

2012 年，教育部颁行《普通本科学校创业教育教学基本要求（试行）》，首次对高等学校创业教育教学作出规范，创业基础课纳入大学本科必修课程。2012 年 11 月，胡锦涛在党的十八大报告中提出了要贯彻劳动者自主就业、市场调节就业、政府促进就业和鼓励创业的方针；强调要加强职业技能培训，提升劳动者就业创业能力，增强就业稳定性。此后，创新创业教育再次成为高校教育研究的焦点，我国创新创业教育开始与世界接轨，联合国青年就业网络中国示范项目锦程职业发展教育平台（CDEP）开通了创新创业系统。

在以习近平同志为核心的党中央的高度重视下，国务院和发改委颁发了一系列文件，出台了有利于大学生创新创业教育的政策，也在积极探索适合我国国情的思想政治教育角度下大学生创新创业教育的新举措。2015 年颁发的《国务院办公厅关于深化高等学校创新创业教育改革的实施意见》就深化高校创新创业教育改革提出了实施意见，明确了指导思想、基本原则和总体目标，提出了深化改革的主要任务和措施。

除此以外，国务院还颁发了 5 份文件，从政策措施、部际联席会议、重点任务分工，到发展众创空间、构建支撑平台等方面助力创新创业教育，可见国家对创新创业的重视及支持力度之大，从行动上加强了统筹协调、形成了工作合力，推动了创新创业教育的蓬勃发展。国家发改委也在 2015 年发布了一份文件，将每年 10 月份某一周定为“全国大众创业万众创新活动周”，活动周期间全国各地将举办政策宣传、展览展示、经验交流、信息发布、文化传播、互动对接、投

资交易、成果转化等活动，促进各类创新创业要素聚集交流对接，在全社会营造良好的创新创业氛围。

在党和国家以及社会各界人士的大力支持和鼓励下，大学生创新创业教育在我国得到了扎实推进，造就了一大批创新创业者，提供了较多的就业岗位，在很大程度上解决了国家就业问题，同时也推动了社会经济的快速发展。许多高校均采取了有力措施，深化教育改革，创新创业教育内容及实效呈现出由务虚性向务实性转化的良好态势，初步形成了一批典型的经验成果。山东理工大学在2015年10月成立了创新创业学院，创立了“了解企业”（KAB）项目，定期开办创业论坛、沙龙、周末创客大巴等特色项目，同时重视与企业的共建共创，在创新创业平台方面取得了较好的成就。

五、第五阶段：创新创业教育的深度发展和实践阶段

在新时代大背景下的第五阶段，社会经济开始转型，对于大学生创新创业是大利好的重要发展时期，党和政府全面支持创新创业教育，在高校思想政治教育工作的引导和推动下，大学生创新创业教育进入了深度发展阶段。国内的创新创业氛围浓厚，国家、社会、高校展现出了非常大的活力，大学生的创新创业热情也空前活跃。从习近平总书记的各类报告、讲话中，以及国家和地方各级政府的政策内容解读中可以看出，以习近平同志为核心的党中央高度重视大学生思想政治教育，重视打造“大思政”工作与大学生创新创业教育融合的新环境、新举措，重视培养大学生的创新精神、创业能力，注重从政策、体制上保障创新创业教育的常态化、制度化，努力在全国范围内创设创新创业教育的良好环境。

2016年5月，国务院办公厅印发了《关于建设大众创业万众创新示范基地的实施意见》，在创新创业基地建设方面开展了系统的部署，对于基地建设和平台建设、政策方面均给予了指导性意见，也强调了思想政治教育的重要作用，即在创新创业示范基地方面要勇于探索创新、先行先试，激发了体制活力和内生动力。该阶段的重要特征是以政府名义在整个国家创设了积极向上、充满生机活力的创新创业生态环境及政策环境。2017年7月，印发了《国务院关于强化实施创新驱动发展战略进一步推进大众创业万众创新深入发展的意见》，创新创业政策供给方面得到了强化，生态环境方面得到了进一步的系统性优化，发展瓶颈也有了突破，充分激发了全社会创新创业的潜能，将在更高层次、更大范围、更深程度上推进大众创业、万众创新。同年，教育部组织开展了2017年度全国高校创新创业总结工作评选活动，共50所高校入围双创典型经验高校。该评选活

动为我国接下来的创新创业教育起到了引领、示范作用，也激励更多高校不断创新工作机制，取得更好成绩。

2017 年 8 月，第三届中国“互联网 +”大学生创新创业大赛中，共有 150 万大学生参赛，其中上百支大学生创新创业团队走进了延安等革命老区。习近平总书记在给此次大赛的大学生回信中用“取得积极成效、受到思想洗礼”等给予了高度评价，体现了总书记重视大学生的思想政治教育，从思想上给予创新创业参赛团队鼓舞与激励，鞭策着全国所有大学生。党和国家、各级共青团、学联组织均高度支持青年大学生服务国家社会发展、创新创业创优。2017 年 12 月 28 日在同济大学召开的“2017 年全国高校实践育人暨创新创业现场推进会”由教育部思政司、人社部就业促进司、国务院国资委综合局联合召开，包括高校、企业在内的 5 家单位在会上做了经验介绍。该会议强调，“进一步把贯彻落实全国高校思政会精神引向深入”，标志着我国思想政治教育和创新创业教育的深度结合，进入实践育人推进发展阶段。

2018 年，教育部高等教育司启动 2018 年国家级大学生创新创业训练计划立项项目，推进新时代“大思政”与创新创业教育的深度融合发展，提升全体大学生的创新精神、创业意识和创新创业能力。

2019 年 3 月 5 日，党的十三届全国人大二次会议进一步把大众创业、万众创新引向深入。鼓励更多社会主体创新创业，拓展经济社会发展空间，加强全方位服务，发挥创新创业示范基地带动作用。强化普惠性支持，落实好小规模纳税人增值税起征点从月销售额 3 万元提高到 10 万元等税收优惠政策。改革完善金融支持机制，设立科创板并试点注册制，鼓励发行双创金融债券，支持发展创业投资。改革完善人才培养、使用、评价机制，优化归国留学人员和外籍人才服务。把面向市场需求和弘扬人文精神结合起来，善聚善用各类人才，这样中国创新一定能更好地发展，为人类文明进步做出应有贡献。

第二章　大学生创新创业教育的现状

近年来，随着高等学校的扩招，我国毕业生逐年增加，对就业市场形成了巨大冲击，就业形势越加严峻。提高大学生的创新创业能力，鼓励大学生积极开展创新创业活动，不仅能够有效缓解毕业生的就业压力，也有利于提升毕业生在职场中的竞争力。近年来，高校创新创业教育发展迅速，但是当前我国大学生创新创业教育仍存在一些不容忽视的问题，影响和阻碍了大学生创新创业能力的培养。本章分为国外大学生创新创业教育的现状、国内大学生创新创业教育的现状、“互联网 +”背景下大学生创新创业面临的机遇与挑战三部分。

第一节　国外大学生创新创业教育的现状

一、美国创新创业教育概况

美国是世界上实行创新创业教育最早的国家，经过长期的发展，其创新创业教育已经非常成熟。20 世纪中期，美国经济增速减缓，大学生就业压力大，各校开始探索解决办法，创新创业教育在此背景下得到重视。20 世纪后期，越来越多的高校开始将创新创业教育作为教学改革的重要内容，美国社区学院创新创业教育发展也得到重视。美国社区学院作为美国高等教育的重要组成部分，与我国高校职能相当、层次相当，其相关经验对于我国高校创新创业教育的开展非常有价值，因此，将美国社区学院作为主要研究对象。美国社区学院创新创业教育具有以下几个特点。

（一）创新创业教育理念具有战略性

美国社区学院在传播创新创业知识、培养创新创业技能的过程中，有意识地启发学生创新意识、播种创业精神的“种子”。美国社区学院强调将创新创业综合知识渗透到专业课堂教学中，培养学生基于专业知识的创业素养与能力，在教学实践中引导学生挖掘专业方面创新创业的可能性。随着教育理念的不断深化，美国社区学院创新创业教育逐渐从功利的行动纵深发展成为非功利性的教育活动，从战略的高度培养具有创新精神的人才，造福学生，谋福社区。

（二）创新创业教育形式多元化

美国社区学院创新创业教育多元化的教学形式可以分为三类：一是课程学分制教育；二是非学分制教育；三是对外合作式教育。课程学分制教育即通过课堂教学完成，系统学习创新创业教育课程，完成规定学分，即可获得转学到本科院校继续深造的资格。学分制教育虽然是在课堂内完成，但是在内容上和形式上都是有所突破的。非学分制教育更多采用讲座形式，邀请创新创业教育专业人士开设创新创业专题讲座，拓宽学生视野，增加学生创新创业教育知识储备。对外合作式教育即社区学院与当地企业、组织合作搭建创新创业合作平台，帮助企业进行员工培训，帮助企业成长的同时积累社会资源。

（三）创新创业教育课程系统化

经过几十年的发展，美国社区学院创新创业教育课程不尽相同，但是整体而言，学院提供的创新创业教育课程已经非常系统了，内容涵盖了创新与创业的方方面面，包括创新创业构思、新企业成立到健全的全过程、项目融资、企业管理等，提供的课程也是全校性的，每个专业还设置了特色的创新创业教育课程。学院将专业前沿理论和实践知识融入课程，学生在掌握创新创业所需要的知识与技能的同时，创新意识开始萌发、创新思维逐步形成、创业热情高涨、创业核心能力提升。

（四）创新创业指导教师受到重视

美国社区学院认识到师资队伍建设是创新创业教育开展的前提条件，为保证相关教学实施效果达到理想状态，学院对教师的要求较高，对选拔、培养、考核等方面非常重视。首先，不仅要重视教师的专业素养，更要注重教师的实践水平。学院鼓励教师进行创业实践，同时要求教师做出表率，体验创业活动。以经营店铺为例，从寻找店铺地址、取名、店铺设计到销售目标定位、预算、广告等环节，教师要直接参与。通过体验活动，教师才能利用自身获得的直接经验指导学生开展相关的实践活动。其次，美国社区学院创新创业师资不仅包括学校专门从事创新创业教学和研究的教师，而且包括既具有学术背景又具有相关实践经验的企业家、投资家、企业高管等担任兼职指导教师。

（五）美国创新创业教育支撑体系完整

美国社区学院的创新创业教育得到了国内各类组织机构的协助与支持，其支撑体系呈现多元化态势。科技园、风险投资机构、创业培训机构、小企业投资公司、小企业开发中心、小企业管理局、创业指导协会、考夫曼基金会、国家创业指导基金会、风投机构等主动参与指导社区创新创业教育。相关组织机构通过宣传，激励学生创新创业，开发创新创业教育课程，为社区学院提供创业指导，成立创新创业教育基金，赞助创新创业竞赛，提供小额贷款、风险投资。总的来说，美国创新创业教育传统发达，社会十分提倡与支持创新创业。

二、英国创新创业教育概况

英国也是大学生创新创业教育的典型国家，较早开展了创业教育。1982 年英国政府开展了“大学生创业项目”，成功启动了大学生创新创业教育的活动。但是这个项目的主题在于解决大学生的就业问题，功利性太强，导致教育理念与社会需求相龃龉，大学生创新创业发展缺乏动力，英国政府随后停止了该项目，并于 1987 年颁布了“高等教育创业计划”，从宏观的角度搭建了英国创新创业教育体系，并明确以培育创新创业精神为目标。此后，英国的大学生创新创业教育事业开始蓬勃发展。进入 21 世纪，为了适应国内外形势，英国创新创业教育活动开始建设和营造新的创业文化，发起了“创业远见活动”，以创建创业文化为核心，以塑造青年的创业意识和创新精神为己任，逐步建立属于自己的创业文化。从教育行政的角度来看，英国的教育行政管理权归于中央和地方，国家和地方共同解决教育经费，即便学校属于地方管理，国家也会提供一定数额的财政支持，与我国的教育行政制度有一定的相似性。而且 20 世纪 80 年代开始，英国的大学生创新创业教育在发展理念和教育路径上都发生了巨大变化，从为就业而创业的教育到创新创业意识、企业家精神的教育，再到建立鲜明的创业文化，英国创新创业教育的发展和实现路径都能对我国创新创业教育的发展提供有益的借鉴，避免我们在大学生创新创业教育上走弯路。

（一）政府层面

1. 制定政策

从 1982 年英国政府开展“大学生创业项目”开始，英国政府在鼓励中小企业发展、鼓励科技创新、协调大学改革和创新创业教育的政策上颇有建树，为英国大学生创新创业教育事业的发展创造了优秀的环境。英国大学生创新创业教育政策的制定主要是由首相办公室、财政部、贸工部、教育与技能部四个部门完成的。各个部门之间着眼点、出发点不尽相同，却又紧紧围绕着共同的目标，大大提高了政策的科学性和适用性。进入 21 世纪之后，英国政府为适应大学生创新创业环境的变化、在发达国家中争取创新创业教育比较优势，2007—2010 年，英国政府近出台了 20 余项有关政策、计划、调查报告等，《全国大学生创业教育黄皮书》也包括在内，其中主要提出了五项核心的建设要求：①扩大创业教育的资金渠道，推动资金运用方向的多元化，鼓励社会组织、企业和高校按照资金来源的不同设立创业项目；②设立三种不同层次的创业项目，分别是吸引大学生进行创业活动的项目、评估国家创业政策的创业研究项目、增强创业教育教师能力的项目；③提出创业型大学传统商业模式和互动两种建设模式，并对创业型大学给予界定；④建立创业教育目标和教学方法的基本框架，将创业教育目标分解为层层推进的八个层次；⑤搭建多维创业教育评价体系，并将英国的大学创业教育置于国际视域下进行评价。这些政策改变了创业课程和创业实践的单一形式，政策通过鼓励参与主体多元化，多种力量支持大学生创新创业，提高了大学生创新创业活动的参与率，促进了大学生创新创业教育事业的发展。

2. 建立机构

政府拨款是英国创新创业教育经费的主要来源，当然还有政府设立的被称为“第三条经费”的各种形式的基金会作为有效的补充形式。如旨在加强校企合作的高等教育创新基金，该基金于 2001—2008 年共开展了三轮，最后一轮创新基金更是达到了 2.34 亿英镑之巨；还有为支持拔尖人才、促进创新而成立的全国科学技术和艺术捐赠基金；致力于帮助弱势群体开创事业、独立自强而成立的新创业奖学金；致力于为技术成果转化提供资金和创业教育而成立的科学创业挑战基金；还有英国政府牵头资助成立的英国王子基金，通过实施青年创业计划，把企业界和社会力量联合起来，为青年创业者提供技术、资金支持和咨询、网络服务。英国科学创业中心是 1999 年英国政府成立的，负责创业教育的管理和实施，后来加入了全国大学生创业委员会，两个机构一起负责管理。2004 年，为了推动地区和高校深度合作，英国又成立了全国大学生创业委员会，将英国高等院校的创业教育分为创业教育教学和创业教育两大模块实施管理。英国政府还积极拓展国际视野，寻求国际合作，提升国内创新创业教育事业的竞争力。例如，典型的“全球创业观察项目”，每年都会对一系列国家创业进行评估，评估各项政策的实施效果与存在的问题。英国政府在建立评估体系的同时，为了保证客观性和有效性，还融入了自我评估和同行评估。

（二）社会层面

从历史环境上来讲，早在17世纪中期英国确立海上霸权之前，英国的重商主义文化就已经萌芽并开始发展，这种文化深刻地影响了英国社会的各个领域，为必然出现的创业文化提供了土壤。而英国创新创业文化发展还受当时独特的社会文化的影响。1973年英国爆发了石油危机，恶劣的影响一直持续到80年代，这一时期英国的经济一直处于低谷，失业率居高不下。到1997年英国的失业率达到了7%，约500万人待业在家，其中包括毕业便失业的100万大学生。1982年，英国大学生创新创业理念发生改变，跳出了功利性的创业观，逐渐满足了政府和企业对高素质人才的需求。另外，在政府对高等教育的经费拨款削减下，高校为了拓宽经费来源渠道，积极寻求与企业之间的互补，校企合作建设了大量的创业园区，为英国创新创业教育的发展注入了活力。虽然英国的创新创业文化具有一定的保守性，没有美国扎实，创业水平也与美国有一定差距，但是自1982年以来，在政府的倾力支持和社会各界的鼎力相助之下，这种局面得到了很大的改善，英国逐渐出现了相对积极、较为浓厚的创新创业氛围。

（三）企业层面

校企合作是英国大学生创新创业教育的一个重要特点。英国政府通过颁发大量的政策大力支持和发展中小企业和新兴产业，加强校企合作是英国政府推动高校和社会发展的重要措施。20世纪70年代开始，英国政府逐渐开始重视小企业对经济发展的带动作用，经过近10年的发展，中小企业为英国经济发展注入了强大的活力，并开始成为国民财富的蓄水池、创新和创业的活跃区，最终成为英国经济和社会发展的中坚力量。英国政府和社会开始重视创业者的创业活动。1987年发表的英国《高等教育：迎接挑战》白皮书明确提出了创业以及促进校企合作推动创业教育的基本构想。随后英国政府通过制定推行一系列政策对中小企业进行扶持，包括牵头成立“风险投资协会”和“冒险资本协会”等金融机构，专门投资中小企业。布莱尔政府时期还颁布了《改善付款状况蓝皮书》《延迟支付商业债务法案》等一系列向中小企业倾斜的贷款政策和促进中小企业融资的税收政策，有力的创业政策毫无疑问地成了激发创业意识的源头。1997—2000年，英国政府通过推行法案、成立项目、组建机构等方式，制定并出台了14项促进校企合作的策略，校企合作进一步深化，对培育创业人才起到了积极的促进作用。

在校企合作的过程中，中小企业对创新创业教育提供了强有力的支持。最具代表性的一个是已经成为全国性创新创业教育项目的壳牌技术创业项目，让大学生利用暑假时间或者一年的零散时间进入中小企业实习，从事管理工作或技术工作，引导学生在学习专业技术的同时进行实践。

（四）高校层面

在历史上，英国是最早成立大学的国家，英国的教育有着悠久的历史和文化底蕴。在英国的高校中，有 63% 的高校将创业教育明确为自身发展使命之一，更有 60% 的高校设有负责创业教育的专任副校长。除了积极的创业教育理念，高校还努力克服教育总经费逐年缩减的困难，通过多种渠道获取创业资金，并制定了规范的奖励制度。此外，英国高校依托校企合作，积极编织校友网络，为大学生争取了丰富的教育和社会关系资源，同时也积极推进创业教育实践。

1. 创新创业教育课程

英国悠久的大学办学经验，为大学生创新创业教育积淀了浓厚的教学底蕴。按教习内容来看，可以将创新创业教育课程分为学科创业课程和活动创业课程，学科创业课程主要是培养学生的创业知识和创业素养，活动创业课程主要是通过开展创业活动进行教学。从现实情况来看，英国大学更偏好后者，通过各种方式强调创业活动的必要性。在课程设计上强调创业课程与创业实际紧密结合，并通过情景模拟、案例研讨、制订创业计划等多种形式，为大学生最大可能地还原创业活动过程。诺丁汉大学就以科学完备的系列创业课程而享誉欧洲，按专业施教，与所学专业紧密结合。

2. 课外创业活动

英国的创业活动特指创业课程以外的活动。英国高校丰富的创业活动是创业实践的重要组成部分，是创业课程教学的有效补充形式。2010 年，英国高校中最流行的创业活动为创业论坛、创业者活动、创意大赛、创业夏令营、创业竞赛研讨会和商业计划竞赛等。英国近 80% 的高校都设有创业论坛，比如，德蒙特福德大学的创业咖啡厅、杜伦大学的大学生成长论坛等。英国课外创业活动的实现路径主要包括：通过特定组织机构提供建议、经费等直接进行创业启动的直接干预式的创业活动，著名的桑德兰大学的创业孵化器就为成员提供创业硬件和咨询服务；还有长期开展的研讨会形式的创业活动等。

3. 师资队伍建设

教师对大学生创新创业教育过程的作用是无可替代的。英国高校创新创业师资主要有具备较好学术研究成果、相对缺乏实践经验的兼职教师和由来自企业的、有实际管理经验的风险投资家、咨询师、企业高管等组成的专业教师。英国高校还注重大学生创新创业教育师资的培养和供给，主要有搭建创业师资培训平台、校企合作培养、建立区域性创业师资培养项目等方式。欧盟创业教师项目通过模块课程培训，完成对创业师资的培养，对英国乃至欧洲都有极大的积极影响。

4. 教学方式

美国教育学家约翰·杜威（John Dewey）提出的“做中学”思想，就是在行动中学习，在实践中学习，与创新创业的实践属性完美契合，在英国被奉为圭臬，而且提供了两种创新创业学习方式：一种是模仿学习，通过观察与思考，分析他人行为过程，以习得知识；另一种是创业社会学习，强调学习的社会性，把创业学习当作社会实践。

三、日本创新创业教育概况

日本作为发达的资本主义国家，素有“中小企业王国”之称，创新创业政策都以中小企业政策为基础演化而来。因此，日本创新创业活动的开展主要是通过对中小企业的政策支持进行的。在 2015 年汤森路透（Thomson Reuters Corporation）发布的新一年全球企业创新排名中，日本以 40 家企业上榜，超越以 35 家上榜的美国，成为第一。并且日本在地缘上和中国接近，在历史上，和中国有着长期的文化交流和碰撞，在传统文化上，两国多有相似之处，在大学生创新创业教育事业上可以互为印证。

（一）国家层面

日本政府在大学生创新创业教育中起主导作用，制定并执行了一系列支持大学生创新创业的政策措施。

1. 金融政策

日本先后出资成立了“中小企业金融公库”和“国民生活金融公库”，解决了创业企业的融资和小额贷款问题；在东京、名古屋、大阪三地成立了由政府主导的中小企业投资育成公司，为创新企业与创业企业进行投资；建立多层次中介服务网络，为各类创业企业提供咨询等服务。

2. 财政和税收政策

在财政方面，日本政府一方面通过直接的科技投入，持续增加研究费用，为日本创新活动提供了资金来源，奠定了一定的物质基础；另一方面通过将高精尖科技的研发项目委托给企业，并发放研究开发补贴，促进企业进行创新研发。另外，日本政府通过政策性融资机构建立利率相对较低的政策性融资制度，缓解企业在研究开发中的资金问题。在税收政策上，通过小规模免除企业消费税、降低中小企业税率、减免个体企业和小企业所得税，以及机械设备使用的税收优惠等来保证中小企业在创新创业过程中的竞争力与活力。

3. 行政程序

简化新公司申请程序，给个人创业以直接支持；颁布《新事业创出促进法》和一系列专利技术法律，进一步鼓励个人创业与企业创新。日本政府自己也成立了研发机构。21 世纪，日本已逐步建立涵盖农业、林业等基础领域，以及核能、海洋开发、空间技术等高新领域的实验室和专业研究机构，直接参与创新活动。

（二）社会层面

20世纪70年代开始，日本步入经济稳定增长的时期，但由于本土能源的匮乏，造成了日本严重依赖国际能源输入。然而经济全球化的发展，以及以中东能源国为中心的国际政治局势不稳定，导致能源价格一路走高，对日本经济产生了极为恶劣的影响。日本迫切需要中小企业向知识集约化方向发展，造就了知识创新、人才培养、新兴产业、设备优化的时代旋律，这也成为创新创业活动开展的主要背景。社会力量在日本大学生创新创业活动中起到了补充的作用，弥补了政府投资的不足，为大学生创新创业提供了风险投资服务。除了政府主导的中介网络，日本社会还有许多中介机构在促使科研成果走上企业流水线的过程中起到了重要的连接作用，比如促进科研成果转化为专利或进行技术授权的技术交换组织，以及提供有偿的创业咨询的辅助机构等，为创业者提供了必不可少的支持。

（三）企业层面

中小企业作为日本政府重点扶持对象，为日本制定创新创业政策提供了丰富的范本和有益的参考。日本还设立了隶属于通产省的专门的管理机构——中小企业厅，并制定了完善的相关政策加以扶持，对中小企业进行专司专管，推动了日本创新创业的发展。日本于 1995 年颁布了《科学技术基本法》，并将科技立国作为国家发展战略，企业开始怀抱合作态度出现在校园中，一方面为大学生创新创业提供了实习基地，另一方面向高校输送了大量有企业管理经验的人才，为大学生创新创业提供了优质的创新创业教育师资。另外，日本企业也借助了高校的科研力量，许多企业中有1/3的教授或学生占有高级管理岗，这一举措为企业赢得了竞争力和经济效益，高校也培养和锻炼了创新创业人才，双方实现了协作共赢。

（四）高校层面

1. 课程设置

日本高校创新创业教育课程设置以实践性为导向，在课程体系上层次分明，有较强的体系性。日本创新创业教育课程体系主要包含基础课程、深化课程和实践课程三个部分，而且每种课程里面又包含了一些具体的课程门类。日本九州大学综合性的创新创业教育和研究中心，将创新创业教育课程体系分为以课堂讲述为主的面向大一、大二学生的基础板块，以案例分析和研讨会为主的面向大三、大四学生的应用板块，以主动学习和课题解决型学习为主的面向MBA和博士的实践板块三个部分。三大板块层层递进，课程教学由浅入深，从基础知识教学到创业案例探讨再到创业实践，一步步引人入胜，渐入佳境，具有很强的实践性。

2. 师资队伍

师资建设也是日本创新创业教育的重点工作，日本创新创业师资大多具有企业管理经验，颇具实践导向，高校中只有很少一部分致力于创新创业教育科研工作的专职教师。日本高校一般通过交流会或座谈会的形式培养创新创业师资，在头脑风暴的过程中寻找教学中存在的缺点和不足，并展开讨论，提出相应的解决方案和对策，在相互学习的环境下不断提升创新创业教师的教学水平。

3. 教学方式

日本高校创新创业教育的方式颇具历史特色和文化特点，主要有课堂培训和“创业道场”两种方式。日本高校的课堂培训也属于第一课堂的教育，和美国、英国课堂教育相似。为了实现对创新创业人才持续的全方位的培育，日本高校在校园中营造富有创新精神的文化环境，如东京大学在2005年发起的“创业道场”活动，是一种带有实践性质的创业培训活动。活动内容包括举办创业访谈、创业竞赛、创业巡讲等，通过这些内容模拟和感受成立企业的过程，检验、优化项目，使大学生的创新精神和竞争意识得到极大的提升。日本还将中小学教育纳入创新创业培育体系，从小开始有意识、有计划地培养学生的创新精神和创业意识，搭建了创新创业从初级教育到高级教育的链条。

（五）个人层面

日本人传统保守的思想很浓厚，与创新创业的文化内涵不太协调。日本人的创业精神也并不突出，甚至低迷。2005 年，日本的创业精神的排名在世界竞争力年鉴报告中垫底，这刺激政府制定了国家重要战略，将创新创业型人才的培育作为战略重点，加大了对人们开展创新创业活动的引导，形成了日本独特的政府主导、社会辅助的机制。

四、国外大学生创新创业教育的启示

美国、英国和日本的创新创业教育方式都各具特色，并呈现出鲜明的特点，具体如下。

（一）政府主导

美国、英国和日本的政府在大学生创新创业教育过程中的具体措施不尽相同，但都积极引领和倡导了符合自身发展的、独特的教育理念，并建立了长期、稳定的政策保障体系，为大学生创新创业提供了清晰的规范和明确的目标。

（二）社会协调

在各自政府的主导下，美、英、日三国的社会氛围都向着有利于培育大学生创新创业的方向发生了转变，并且诸如校友会、风险投资评估机构和咨询服务机构等社会组织也很活跃，为大学生创新创业创造了良好的环境。

（三）企业参与

在美、英、日三国中，企业和高校一方面通过人才、资金、技术等方面的交流与合作，共享创新创业带来的红利；另一方面，校友会也是校企沟通与互动的桥梁，为大学生创新创业提供了优质平台和丰富的社会资源。

（四）高校推动

美、英、日的高校在推动大学生创新创业教育的过程中通过调整和拓展自己的定位和功能，不断强化自身的教育作用，在课程设置、师资培养、教学方式、实践活动等方面不断适应大学生创新创业的发展需求，积极发挥自身的特长和优势，最高效地完成了培养目标和任务。

（五）个体适应

在美、英、日三国的创新创业教育过程中，大学生都体现出了很高的参与度和适应性，一方面体现了政府、社会、企业、高校有效的正激励，另一方面说明大学生对自身的发展有较高、较明确的要求。

第二节　国内大学生创新创业教育的现状

一、大学生创新创业教育取得的成绩

高等教育司司长吴岩于 2019 年 10 月 11 日在教育部新闻发布会上谈到高校创新创业教育改革总体情况。他指出，把创新创业教育融入高等教育每个环节和人才全面培养的全过程，实现人才培养方式的转变。这种转变主要体现在以下两个方面：第一，就业教育向创新创业教育的转变。通过创新引领创业，通过创业促进就业，以形成高校毕业生更高质量、更符合社会发展要求的创业就业新局面。第二，改变现有的人才培养机制。创新创业教育能够在原有的基础上打破专业学科、企业学校之间的障碍，产生令人满意的融合效果，实现了大学生综合素质的真正提升，也促进了高校与企业之间的共同发展。

（一）提升教育效果

就创新创业教育而言，大学生应该将它与其他传统的理论课教育区别开来，除了在校学习专业理论知识和基本专业技能，更重要的是学习与创新创业有关的知识经验并注重创新精神和创业素质的培养，这样才能够为今后步入社会做更充分的准备。创新创业教育的特质要求高校在进行专业学术教育的同时通过思想政治教育工作者向大学生进行思想教育，帮助大学生形成积极正面的思想认识和政治立场，培养其积极健康、乐观向上的人生态度。通过思想政治教育基础课程对大学生施加有目的性、计划性、组织性的思想影响，使大学生的思想认识在符合社会发展要求的同时又有利于推动创新创业实践活动发展。创新创业教育的实施为大学生实现个体价值奠定了基础。

创新创业教育是时代进步和教育理论结合的新型教育，分为理论教育和实践教育两个方面，大学生通过对创新创业教育的学习可以使自身的素质得到提高。新时代对人才的要求是全面的，大学生毕业步入社会后需要尽快适应身份的转变，提升人际交往能力和沟通协调能力。而创新创业教育的开展正有利于培养大学生在这方面的能力。综合素质包括德智体美劳等方面的内容，创新创业教育特有的可操作的实践形式，能够让大学生从中得到锻炼。综合素质的高低是衡量大学生培养是否成功的关键，现有的创新创业教育已经让大学生认识到了创新创业的重要性和自我素质提高的必要性。创新创业教育也包括对大学生创新创业价值观的教育和创新精神的教育，在这样的教育下，大学生形成的价值观更加健康向上，更加符合社会的发展方向，同时对以后的学习和生活都是十分有利的。

创新创业教育将社会对人才的需求与高校的教育结合在一起，通过这样的方式向学生输送关于创新创业的知识和创新创业的形式，让学生能够及时了解国家的政策导向和时事，从而增强大学生对社会的认同感，紧密地将思想和社会实际联系在一起，以具体情况为基础，不断锻炼和丰富自身的素质，以适应社会发展的速度。

（二）丰富高校教育内容

时代的进步和科学技术的发展正在推动大学生重视创新创业。很多当代大学生都怀有创业的理想，在这样的实际情况下，高校应该适当及时地给予指导，让大学生能够清楚了解创新创业。高校的多种专业课和公共课对创新创业教育都有着重要的辅助作用。例如，高校开展的思想政治教育的目的是引导大学生树立科学正确的价值观，通过对有关基础课程的学习，大学生对事物的认识也更加清晰。形势政策课通过解读国家政策和近年的国内国际形势，让大学生的视野逐渐开阔起来，更关心国家大事。创新创业教育就是时代的产物，经过形势政策课的学习，大学生对创新创业教育有了更为深切的感受。而这样直观的感受使大学生具有了独立自主的思考能力和冷静客观的判断能力。同时，有助于大学生紧跟形势、抓住机遇，从而培养出符合国家需要的创新创业型人才。

创新创业教育将大学生富有个性又渴望得到社会认可的特点与教学紧密地结合起来，使大学生的主观能动性得到了极大的激发。创新创业教育是一种实用性很强的教育形式，这种特性让创新创业教育本身更加贴近生活和大学生的实际需求，将大学生的就业需求纳入相关课程，增强了教育内容的吸引力。

（三）拓宽大学生的就业渠道

总体上来看，创新创业教育的规模在不断壮大，具有很大的发展潜力。大学生创新创业取得了良好的成绩，说明国家在大学生创新创业方面的力度正在加大，出台的相关政策也是为了积极鼓励大学生进行创新创业，大学生通过创新创业教育能够积累理论知识和实践经验。面对高校毕业生数量的连年增加和就业机会减少的情况，大学生进行自主的创新创业能够有效缓解这些问题。

创新创业教育应该为大学生的自主创业提供发展的基础和思路，让大学生能够实现就业多元化选择。创新创业教育的开展，是历史和人民的选择，符合社会发展的客观规律，为解决社会实际问题提供了思路和方法。同时还在思想层面转变了人们传统的就业观和择业观，促使人们解放思想，能够做到与时俱进，缓解了社会就业压力的同时，也拓宽了大学生的就业渠道。

二、大学生创新创业教育存在的问题

（一）各主体合作不畅

我国高校众多，在校学生基数庞大。大学生在学习创新创业教育理论的同时，也对创业实践课程提出了更高的要求。高校应当满足聘请校内外创业成功者或企业家、建立创业实践基地、为大学生提供相应的指导及相关创业资金等需求。因此，整个过程需要较大数额的资金支持，然而高校的资金支持主要源于政府，但政府的资金支持相对有限，仅仅依靠政府给予的创业资金远不能满足创业教育实践所需。那么要想解决创业教育资金问题就需要高校、政府与企业间加强必要合作，通过高校与企业之间的互利共赢来寻求企业的资金支持。政府可根据企业对高校的资金支持情况，适当减免企业税收，鼓励企业与高校之间加强合作。企业应当把对高校教育事业的支持作为自己的社会责任，依托高校建立科技园，在校企合作中为高校提供必要的资金支持，同时高校也应该充分发挥自己的人才资源优势，为企业带去技术创新转化成果，为企业的更好发展增添活力，从而实现高校与企业之间的互利共赢、资源优势互补。但现实情况是，高校、政府以及企业之间的协同合作并不深入，没有形成良性互补，这使得高校获得企业资金支持受到了限制。

（二）各主体协调性不足

制定相应的考核标准对大学生创新创业教育的学习成果定期进行评估，通过对各环节会出现的问题进行修正，是大学生创新创业教育中的重要一环。创新创业教育整个体系各主体之间通力合作，当发现自身或者其他主体有不足之处时，及时提出反馈建议，这一过程有利于保障大学生创新创业教育协同发展的稳定。但是，由于在大学生创新创业教育反馈问题的过程中，各个主体之间的职责划分不清晰，高校之间的评价过程与评价体系不一致，在整个创业教育实践中缺乏评估与反馈，从而影响了评价结果，导致存在的问题得不到及时改进，影响了良性循环过程。这就会使整个创新创业教育过程不完整、不系统，无法达到预期的效果。

（三）创新创业教育质量不高

提及创新创业时，大学生普遍存在热情高、兴趣强、知识储备少的现象，反映了高校创新创业教育质量存在一定的问题。创新创业教育的教学内容覆盖法律知识、市场经营知识、管理知识和财务知识等方面，但学生缺乏法律与财务方面的知识。这些知识具有较强的实践性，各校的授课形式也局限于课堂教学，实践教学环节较少，达不到在实践中运用所学理论知识的目的。另外，部分大学生的创业意识薄弱，缺乏创业精神，反映出创新创业教育缺乏准确的目标定位不能结合各校的实际情况制订切实可行的教学计划；课程内容理论性强，缺乏实践环节，知识点更新换代不及时，重书本知识的传授，轻技能的培养；评价形式单一，没能转变传统的教学观念，不能充分认识到创新创业教育的重要性。

（四）创新创业教育师资力量薄弱

强大的师资力量是教学工作顺利展开的重要基础，创新创业教育的实践性强，对师资要求也更高，具备一定数量的具有专业知识与技能的教师是创新创业教育健康发展的保障。但是，笔者在调查中发现，部分高校缺乏专业的师资力量，创新创业教育课程由辅导员和就业指导课教师讲授的现象较为普遍。创新创业教育要求教师既具有理论知识，也要具有一定的实践经验。很多教师毕业之后就应聘到了学校担任教师，这样教师本身尚缺乏社会实践经验，更谈不上教授创新创业教育课程。在创新创业教师的培养计划上，部分学校虽然已经制订了计划，但是仍缺乏实际行动，只有少部分教师参与过专业的培训，导致教师的专业性无法保障。

我国的创新创业教育起步较晚，虽然经过一段时间的发展初具规模，但是更多的是停留在理论层面，创新创业教育专业师资力量的建设是亟须补齐的短板。

（五）创新创业训练基地流于形式

创新创业训练基地是大学生进行创业锻炼的一个平台，是创新创业教育课程的进一步拓展和延伸。但是在实际操作中，部分学校的基地流于形式，缺乏系统性的规划与设计，在实践过程中也是草率了事，不能使学生的创业能力和创新精神得到锻炼和培养，并且存在急功近利的情况，为了检验学生在创新创业教育课程中学到的理论知识而盲目开展活动，随意性较强。很多项目的创业计划很好，但是最后无处落实，不了了之。学生对创新创业活动的满意度低，只有一部分学生表示满意学校举办的创业活动。

（六）创新创业教育的实践教学缺位

随着社会和经济的高速发展，社会的人才需求也发生了很大的变化。对作为经济发展动力的教育来说，人才培养是教育的重中之重，因此教育的力量是不容忽视的。但就目前情况而言，高校毕业生就业难已成为全民热议和关注的问题，因此高校在进行人才培养时，更应该注重创新创业教育，提高人才的基本素质，为大学生更好地发展奠定基础。虽然目前看来我国高校的创新创业教育进行得如火如荼，各类创新创业大赛开展得风生水起，但是创新创业教育实践教学的缺位必然会影响高校创新创业教育的实效性。

1. 就教育理念来看

在教育部发行的专收目录中，还没有创新创业教育的相关专业。这表明，从国家宏观层面来看，创新创业教育目前只能称为课程而不能称为专业，因为到目前为止它还没有被确立为单独的专业领域。各方面资源的不足阻碍了高校大力开展创新创业教育。目前，创新创业教育的理论研究在一定程度上脱离了社会现实的需要，创新创业教育的现状和必要性依旧是研究的重点，这种研究不过是在表层对创新创业教育进行理论性描述，并没有足够认识到深层次创新创业教育的根本性问题，例如，怎样有力地进行创新创业教育。要在真正意义上提高大学生创新创业的实践能力，并将这种能力转化为现实生活需要的社会生产力，这样不仅能够实现教育的目的，而且能够解决社会热点问题。就创新创业教育本身而言，没有将研究的触角延伸到与创新创业相关的领域，大多数局限在创业技能和创新精神本身。例如，此类教育中缺少对创新创业和国民生产总值之间的增长是不是正相关的关系、创新创业教育是否可以助力经济的持续发展，以及创新创业教育在制度建设方面所面临的种种阻碍等问题的探讨。

创新创业教育的理论研究相对不足，无论是在教育内容还是在教育方式上都有待深入。当前，我国学术界对创新创业教育的理论研究主要以定性研究为主，而缺乏定量研究和实证研究。理论研究更多的是停留在“纸上谈兵”阶段，缺少与现实社会的对接，使研究成果不能在现实生活中得到证明，形成了理论研究“不接地气”的现状。

另外，大多数关于创新创业教育的研究成果都发表在《教育与职业》《科技信息》《职业技术教育》等期刊上，学术期刊无法为发表的“纯粹”的创新创业教育的学术论文找到相对应的中图分类号。目前，我国高校关于创新创业的教材大多数都是从经济学角度出发进行编写的，还没有从管理学、心理学等角度编写的创新创业教育教材，这就使得高校在开展创新创业教育的时候缺少课本，严重阻碍了我国高校开展创新创业教育的进程。

2. 就课程载体来看

高校目前开设的关于创新创业教育课程多是与创新创业相关的专题讲座或者选修课，并且有一些高校会组织学生参观一些成功的创业园区或参加创新创业大赛，这些相关的教育课程都是零散的和片段式的，并不是完整且具有逻辑性的创新创业教育课程，在一定程度上忽视了大学生所需要的创新创业精神，而创新创业精神又是创新创业教育相关课程培育的重中之重。高校应以创新精神、创业技巧以及成功案例为主进行创新创业教育，现有的创新创业教育忽视了学生必须具有的创业意识、创新精神和能力，只是在实操层面指导创新创业活动，这并不符合创新创业教育的目的。另外，我国高校目前还没有开设创新创业教育学专业，这样是不利于对创新创业教育进行理论与实践研究的。创新创业教育脱离学科专业，而创新创业实践缺少有力的专业支撑，这样就直接影响了我国大学生创新创业教育的实效性。

3. 就师资队伍力量来看

对创新创业教育的重视程度，从高校在课程师资力量的分配上就能看出来。要想促进创新创业教育的有效和积极开展，无论是在数量还是在质量上，教师都是不容忽视的重要因素。

（1）我国高校创新创业教育专职教师数量不足

当前我国高校的创新创业教育大多渗透在就业指导或者其他相关课程当中，真正研究创新创业教育的教师数量并不能满足高校对创新创业教育人才的需要，专职教师在高校中的占比较低。

（2）从事高校创新创业教育的教师专业素养不够

教育者必须拥有十分丰富的理论知识，在此基础上有直接或者间接的创新创业实践经验，同时还要具有创新创业所需要的心理素质和道德品质。目前，我国高校在开展创新创业教育时，教师的来源主要有两个方面：一方面是在高校中教授其他课程的教师顺带对学生进行创新创业教育，还有一些是由从事就业指导工作的教师来开设一些关于创新创业的选修课；另一方面则主要是从社会中邀请一些企业家或者学者来学校开讲座，而他们拥有着丰富的创新创业实践经验。但是无论通过什么渠道请来的创新创业教师，都是兼职教师，他们都不是对创新创业进行深入研究的专家学者。这样的结果就是，对创新创业教育的整体把握欠缺，理论知识与实践经验结合不足。

（3）创新创业教育的授课教师缺乏实践经验

创新创业教育与普通教育相比有自己的特点，学生不仅需要对专业知识和理论进行学习，而且需要在创新创业的实践活动中积累经验并取得成绩，这就对进行创新创业教育的教师提出了比普通教育教师更高的要求。而我国高校的教师，部分是一毕业就回到学校担任教学工作，拥有实际创业经验的教师较少。

此外，由于各大高校对教师标准的要求不同，很少有教师既拥有实战经验，又能进行理论研究。这使得教师对创新创业真正需要的人才素质的理解受到了不同程度的限制，使得教师很难给予学生关于创新创业的针对性指导和教育。

综上所述，应该由全职教师和学生顾问对学生进行较为系统的创新创业理论教学，然后由企业管理人员和创新创业成功者对学生进行实践教育。将两者有效结合起来，实现全方位、多角度的人才培养。通过这样的教育方式，学生不仅能够在理论知识层面收获丰富，而且能吸取实践经验，从而为将来创新创业的实践活动打下坚实的基础。

（七）对创新创业教育的价值引领缺失

首先，缺少思想政治教育对创新创业教育的价值引领。当前我国高校开展的创新创业教育并没有与高校思想政治教育课程结合起来，创新创业教育的方法和思路都来自思想政治教育，它决定了创新创业教育能否为社会主义建设而服务。对高校而言，仍然停留在关注学生的创新创业热情和知识收获程度方面，而忽略了对大学生创新创业意识的培育。思想政治教育重视对学生在思想层面的引导，大学生在创新创业教育中存在的急功近利的功利主义和盲目选择的从众心理，都需要思想政治教育来进行一些有效的价值干预。大学生作为社会群体的一部分，应该拥有符合社会发展的价值观念，而这样的价值观念则是思想政治教育中不可缺少的重要部分。社会的主流价值观是社会理想、信念和精神的灵魂，对不利于社会稳定与发展的非主流价值观要素具有强烈的抑制作用，因此，它也是精神支柱，具有稳定国家的经济、政治和思想文化体系的能力，这与国家的成败有关。其次，过分关注创新创业的经济意义，忽略价值意义。对大学生而言，创新创业最为直接的目的是获取更多的财富，能够让自己和家庭实现财富的积累，对社会而言也同样是将创新创业带来的经济价值放在首位的。这样极易形成拜金主义思想或功利主义思想，只是片面地将创新创业活动当作赚钱的手段，可能会产生一些不良影响。这对于创新创业教育的发展和大学生自身的发展都是极为不利的。在大学生进行创新创业时，在一定程度上会过分强调自己的权利和需要，这样就容易使大学生形成个人主义的价值观，使得部分创业发展出现偏离社会主流发展方向的情况。

就目前的情况来看，创新创业在价值意义引领方面较为缺乏，这就容易造成大学生在进行创新创业活动时没有形成正确的价值观，影响创新创业活动的开展。

（八）各地创新创业教育政策落实良莠不齐

教育部规定进行自主创业的大学生可以充分享受学校开设的和创业相关的教育资源，休学创业的大学生学籍最长可以保留 8 年。对此各地政府也都结合当地实际情况，颁布了具体实施办法。大学生作为创业群体，需要可操作性强的具体政策支持，从而帮助其开展创新创业活动。但由于各地的发展存在差距，还是存在政策扶持力度不足的情况。

（九）大学生创新创业教育观念认识的协同性不足

人们通过大脑的思考来认识周围的事物，思考角度不同都会对周围的事物产生差异性的认知结果。当然，大学生创新创业教育对不同的主体而言有不同的理论和实践意义，由此我们应辩证地看待不同主体的认知对大学生创新创业教育发展的影响。在高校内部，大学生创新创业教育观念认识的协同性不足主要表现如下。

高校、教师、学生三大主体对大学生创新创业教育认识不全面，主体立场较片面。例如，对一些高校来说，大学生创新创业教育就是为社会培养企业家，导致部分教师在教授课程时只针对那些有创新创业潜质和能力的学生，而忽略了那些处于懵懂期、具有可塑性的学生。大学生在高校学习的阶段本身就是学习知识、培养良好习惯、树立远大理想的阶段，这一阶段需要高校教师正确地引导和启迪学生。有些教师却片面地认为学校开展大学生创新创业教育仅仅是想提高学校的毕业生就业率，只要学校超过或达到官方的就业率要求，就可以降低对大学生创新创业教育的重视程度，甚至可以不专门开设创新创业教育课程，导致国家提倡的建设创新型国家以及大学生创新创业教育得不到贯彻与落实，这不利于社会经济的更好发展。就学生而言，他们时常认为创新创业是一个复杂而很有风险的系统性工程，自己本身就不具备这方面的能力和资金，因此从内心深处就没有重视对创新创业教育课程的学习，甚至是排斥。他们对未来工作的憧憬，往往使他们迷失脚下的路。创新创业教育给予学生的是方法和思考的方式，在学习的同时培养大学生创新创业的能力、团队协作的意识以及解决困难承担风险的勇气。即使是进入企业，学生对这些认知和能力的学习和掌握也是大有裨益的。

三、大学生创新创业教育存在问题的原因

（一）自身因素

1. 创业意识有待提升

创业意识是一个主观层面的因素，是指大学生开展创新创业活动的强大内驱动力，是创新创业活动中起动力作用的个性因素。大学生进行创业项目的选择、创业组织形式的建立等都是基于创业意识的。因此，大学生必须注重创业意识的自我养成，才能够在复杂的创业环境中取得成功。然而，纵观当前大学生创新创业现状，不难发现很多大学生在创业项目选择、创业团队建立以及创业精神方面存在一些问题，这便是创业意识不足造成的。从当前大学生创新创业现状来看，创业意识的不足主要体现在自主创业意识、艰苦创业精神、开拓性、创新性以及风险意识等方面。因此，在进行创新创业活动时，在团队合作方面没有注意团队建设的均衡，在成员的专业、性格等方面没有进行良好的配置等，这些都是不利于大学生创业成功的因素。

2. 创业知识技能缺乏

创业知识技能指大学生创业需要具备的专业知识或者技能，包括专业知识、经营管理知识、综合性知识等。专业知识在创业过程中具有重要的作用，特别是与创业项目直接相关的有利于推进创业项目成功的专业性技能。经营管理知识包括对创业运营、财务、投融资以及人力资源的管理，有效地对团队所有资源进行良好的协调调配。综合性知识则突出表现在创业团队对创业过程中的各项事务的应对处理方面的掌握，如政策、法规、人际交往和公共关系管理等。然而，当前我国的教育体系还是以传统的应试教育为主，高校内的课程设置更多的是理论知识的普及式教育，课程教育成果的考察建立在应试的基础上。这样难以使学生真正掌握所学的课程内容，况且单纯的理论学习并不能使学生提高实践能力。所以，大学生在创新创业中突出的问题是缺乏解决问题的技能，不能将所学知识应

用于实践。麦可思在对大学生创新创业专业情况进行调查时，发现创业项目本身与创业者的专业背景相关性很低，仅有不到 30% 的学生的创业项目与自身的专业有关系。

因此，不能将所学专业知识与创业项目相结合，不能将专业基础向创业实践转化是当前大学生创新创业面临问题的重要原因。另外，高校也未能针对当前互联网创新创业发展制订更多有利于大学生创新创业发展的课程计划，如计算机运用课程等。

3. 创新创业的主动性有待提高

我国大学生创新创业率与发达国家相比较低，虽然新时代大学生接受了创新创业教育，愿意做出尝试，但部分大学生受传统落后观念的影响依旧比较墨守成规，就业期望值过高，不重视创新，认为创新创业风险太大，基本上希望自己毕业以后能够找到一份安安稳稳的工作。家长也基本上希望孩子在毕业后能够找到一份安安稳稳的工作，因此对孩子进行创新创业持反对意见。无论是大学生自身还是家长都没有将创新创业纳入发展计划，将创新创业这个选项排除在职业选择之外，导致大学生在创新创业方面没有主动性，创新创业意识薄弱，认为创新创业教育只是针对有创新能力和创业意愿的一部分人而展开的，因此大学生创新创业的主动性有待提高。

4. 缺少持之以恒的精神

当代大学生多是独生子女，其在家庭中的受溺爱程度较深，比较畏惧挑战新事物，缺乏吃苦精神和持之以恒的精神，无法走出家的港湾，难以承受失败的打击，因此不愿意尝试有挑战性的创新创业活动。同时，大学生长期生活在象牙塔中，缺乏创新精神、社会经验和实践锻炼，难以将创新创业教育的理论知识和现实实践相结合，这些都不利于大学生创新创业教育的发展。

5. 对创新创业的认识不足

笔者对正在进行创新创业实践活动的大学生进行调查后发现，部分大学生进行创新创业活动仅仅是为了解决自身就业问题，因此他们始终不能主动积极地参与到创新创业活动中。还有一部分大学生在进行创新创业活动之前，没有真正了解创新创业的相关知识，对创新创业的认识不足，因而无法保证创新创业活动的连续性和成功性。

（二）创业环境

1. 缺乏系统的创业教育

笔者通过调查发现，高校目前尚未建立系统的创业教育体系，这使得在校创业者缺乏必要的创业素质、创业知识以及创业能力。高校是创新创业教育的主体，也是开展创新创业教育最合适的场所，但是目前部分高校不够重视大学生创新创业教育。一方面，创新创业教育课程体系开发比较单一，缺乏对互联网环境下创业必要技能和素质的培养；另一方面，创新创业教育注重任务导向和输入式教育，没有赋予大学生创业实践的机会，缺乏启发式创业教育。因此，我国创新创业教育存在以下问题：一是没有贯穿全程的创新创业教育体系。二是没有成熟的创新创业教育体系，当前高校的创新创业教育并没有结合创业需要建立涵盖运营、营销、投融资等课程的体系，也没有完善的师资配置。三是创新创业教育缺乏实践性。国内部分高校创业孵化中心成为“摆设”，缺乏实际的孵化功能，不能从创新创业教育的各个环节对学生进行实际的创业指导。

2. 缺乏足够的家庭支持

家庭支持表现在两个方面，一是家庭的创业教育，二是家庭的创业资金支持。家庭是大学生成长的重要环境，对每一个大学生的创业技能、创业素质等各方面的影响根深蒂固。受传统教育思想的影响，家长更希望自己的孩子能够进入事业单位或者找到一份合适的工作，因而家庭的创新创业教育很容易被忽视，使得大学生在父母的影响下，对创业的热情不高，且在创业过程中也往往不具备必需的创业素质。另外，大学生创业由于缺乏资本积累，其初始资金的来源多是其家庭资金支持。虽然很多家庭愿意给予大学生一定的资金支持，但是金额有限，还有的家庭不能给予大学生一定的创业资金支持。因此，缺乏家庭方面的资金支持、精神鼓励等，不利于大学生坚持自己的创业项目，从而影响创业项目的顺利展开。

3. 政府政策不完善

创业政策是从政府层面为大学生创新创业提供便利和支持的一种形式，从更广泛的意义上讲，是大学生面临的社会创业环境的建设。目前，一些地方并没有制定完善的创业政策，这不利于大学生创新创业活动的开展。

首先，当前政府制定的关于大学生创新创业的政策更多的是指导性政策，强调对大学生创新创业的引导，但是并没有制订足够的支持性实施方案。从政策导向来看，一些政策缺乏系统的规划，在实施这些政策时可能出现执行不到位的问题，从而影响对大学生创新创业的实际帮助。

其次，政策优惠力度仍有待加强，降低申请门槛。目前来说，政府给予的政策优惠包括融资贷款优惠、办公场所优惠以及税收优惠等，这些政策虽然对大学生创新创业给予了一定的帮助，但是帮扶力度和深度仍有待加强。

最后，创新创业活动开展需要一系列的基础设施，特别是互联网时代对物联网体系的建设要求越来越高。但是，目前部分基础性设施布局不够完善，通信、网络、交通等基础建设相对滞后，不利于创新创业活动的开展。

4. 多方合力体系未形成

在新的发展形势下，要想推动我国各高校创新创业教育完备的教育体系的构建，就需要政府、高校、企业等多方力量共同参与。但反观当下，由于受地域环境、经济发展、高校特色、企业的思想观念不同等因素的制约，政府、高校、企业三者的合力并未形成，无法实现将相关指导和服务贯穿大学生创新创业活动的始终，也不能为大学生创新创业教育的持续发展蓄力，不能真正落实创新创业教育的相关政策，从而无法形成有利于大学生创新创业教育发展的开放氛围。

（三）高校原因

1. 实践育人理念滞后

新时代要求大学生创新创业教育必须树立实践育人的教育理念，始终坚持将实践育人摆在教育的关键位置上。只有重视实践环节，才能从根本上提高大学生的创新创业意识和能力。但在我国的一些高校中，大学生创新创业教育仅仅停留在开设必修课程上，不能坚持实践育人的方针，相关实践环节没有受到高度重视，导致大学生创新创业教育真正的效用性无法有效发挥。

2. 高校发展不平衡

我国幅员辽阔，各地区的经济发展、政府措施、政策落实等方面存在着不同，各地高校创新创业教育的发展水平也各不相同。有些地区高校众多，相关教育资源雄厚，创新创业教育的开展时间也早，必然在无形中对创新创业教育的平台建设、产学研的结合等产生巨大的帮助；而有些地区高校教育资源薄弱，起步晚，不能形成合力效果，开展创新创业教育活动较难。同时，除了教育资源之外，有些地区的经济条件好，地方支持强，有利于高校创新创业教育紧跟时代潮流，与时代共同发展；有些地区经济基础差，发展落后，政策落实也比较缓慢，导致大学生创新创业教育缓慢不前，所以不同学校存在不同的实际情况，这些成为阻碍创新创业教育顺利进行的关键。

3.“三全育人”模式的落实有待加强

思想政治教育作为创新创业教育的思想指导和坚实保障，高校应该将思想政治教育的“三全育人”模式贯穿在创新创业教育的全过程之中。反观当下，无论是课程教学目标还是课程内容设计，无论是教学环节设计还是创新创业成果的落地，一些高校没有将思想政治教育的“三全育人”模式利用起来，大学生创新创业的思想意识无法有效提高，创新创业教育的实际效用较低。

4. 未形成良好的创新创业校园氛围

（1）课程体系有待完善

除了那些发展创新创业教育较早且较成熟的高校外，其他高校的创新创业教育相对来说没有一个完整的培养过程，也没有专门组织一个机构进行管理，并且教材和课程体系不够规范。完善的课程体系对高校创新创业教育非常重要，课程体系的不完善直接导致各高校在进行大学生创新创业教育时只能自由发挥，最终大学生创新创业教育无法起到实际效果。而且在高校中专门进行创新创业教育的专职教师较少，完整的教学评估体系和持续的创新创业指导服务没有形成，对大学生的参与积极性调动不够，无法更好地落实到社会实践层面。

（2）联动支撑体系有待完善

如果想使大学生创新创业教育发挥出良好的效果，学生工作、就业中心、团委等部门一定要协调合作，形成合力推进大学生创新创业教育的发展。但在当下很多高校中，大学生创新创业教育的推动力和支持力是相互脱节的，仅仅为单一部门的工作任务，没有形成联动机制，可操作性有待提高。如果无法形成多方联动支撑体系和开放的外部环境，必然会延滞大学生创新创业教育的发展。

（3）大学生创新创业教育的氛围较为冷清

政府的支持对大学生创新创业教育来说非常重要，得到整个社会的广泛支持更重要。我国大学生创新创业教育实践平台发展处于较为薄弱的阶段，大学生每次在学习完理论知识后无法直接付诸实践，再加上多种因素的影响，很容易让那些对创新创业有意愿的大学生打退堂鼓。而且高校对国家鼓励创新创业的政策宣传仍需加强，一些高校的官方网站、官方微博、微信公众号上并未发布相关信息，这使得大学生对创新创业的了解仅仅停留于课程的学习上。从整体上看，高校创新创业教育的生态氛围有待提升，部分非创新创业教育活跃的地区没有形成有利于大学生理论学习与实践活动的培养环境，因此大学生创新创业教育的氛围较为冷清。

5. 学校缺乏健全的创新创业教育管理制度

创新创业教育课程体系不健全、教学方式落后、创业基地流于形式等问题，究其原因，即学校内部缺乏健全的创新创业教育管理制度。创新创业大赛等实践活动的举办使学生在实践中得到了锻炼，但是创业项目却无人跟进；创新创业教育的教学评价方式还停留在传统的评价模式；教学形式单一死板等都阻碍了创新创业教育的发展。部分学校并没有一个机制能动的管理部门来制定、实施并监管创新创业教育工作。部分学校忽视了创新创业教育的整体性与系统性，并没有形成一个健全合理的体系，只注重分工，不注重联系全局。有的学校急于求成，混淆了就业指导与创新创业教育的关系，导致学生丧失了受教育机会，浪费了教育资源。创新创业教育的开展涉及多个方面，既有学校内部，还包括学校与企业、政府部门的联系。只有协调好各方面的工作，才能使创新创业教育得到健康发展。

6. 校企合作深度不够，未能找到校企利益共同点

校企合作、产教融合不仅能够为大学生提供实践锻炼的机会与运用知识的途径，而且是促进创新创业教育发展的不竭动力。宝贵的人才资源是企业所需求的，但是人才的培养是一个较为漫长的过程，需要一定的时间，而企业追求利益最大化，参与人才培养的积极性低。政府出台的政策促进力度不够，产教融合形式单一，企业不能从中得到相应的人才红利，还没有找到企业与学校之间共同的利益切合点。在创新创业教育的开展中，我国可以借鉴日本高校的成功经验。日本高校非常重视与社会、企业的合作，鼓励全社会参与到创新创业教育事业中。很多企业给学校提供学生实习基地，通过风险投资向具有潜力的创新创业计划提供帮助与资金支持。学校也充分利用自身的科研优势，进一步深化与地区企业的合作，帮助企业解决技术难题，做到企业与学校协同发展，促进各自目标的实现。

第三节　“互联网 +”背景下大学生创新创业面临的机遇与挑战

一、“互联网 +”背景下大学生创新创业面临的机遇

（一）“互联网 +”时代的机遇

“互联网 +”的发展与完善是当前全社会推进创新创业活动的重要原因，因为互联网的发展推动了技术创新、商业变革和行业的重构，这是创业的源泉。因此，“互联网 +”时代是大学生创新创业的重要环境背景，“互联网 +”时代的机遇是创新创业成功的一个非常重要的因素。

从互联网的本质来讲，“互联网 +”的意义在于提高效率，对落后生产力进行赋能升级。因此，在“互联网 +”时代，我国传统产业和传统的商业模式会受到一定挑战，各个行业都将面临互联网的洗礼。所以，“互联网 +”时代的机遇之一是有大量的创新创业机会。我们传统的创业基于实业，本质也是寻找用户需求、解决用户需求并以产品来提升用户体验。在“互联网 +”时代机遇下，大学生是互联网的受益者，会更加明确互联网能够起到的作用，并进行需求挖掘与产品创新。这就为大学生确定创新创业的方向和定位提供了条件。“互联网 +”时代，渠道多元化趋势更加突出，一个产品如果能够解决用户痛点，注重用户体验，那么一定能够获得发展，受到用户青睐。这为大学生创新创业提供了转化的机遇。由此，在“互联网 +”时代，大学生受惠于互联网，也在发现互联网产品的缺点，进而促进产品创新与转化。

（二）创投圈机遇

大学生创新创业最为重要的一项资源就是资金。很多大学生创新创业的启动资金源于家庭或者合伙人出资。但是，一旦创业项目出现资金短缺的问题，缺乏持续性的资金投入将会导致项目直接失败。所以创业项目资金是很多大学生创业项目发展的共同难题。在“互联网 +”时代下，很多投资机构将发掘优质的创业项目作为企业可持续发展的核心。所以，创投圈愿意去发现和扶持一些有价值的创业项目。目前主要的创投圈主体包括企业孵化器、创投机构和天使投资基金等，

这些机构对创业项目进行评估后，会从项目的开展到落地进行一系列的资金支持，从而有利于大学生创新创业项目的开展与转化。

（三）政策机遇

随着建设创新型国家的提出，各级政府响应中央的号召出台了诸多利好民众创新创业的政策。

1. 财税扶持政策

大学生创新创业活动离不开政府层面的扶持，财税扶持政策是政府创业扶持的关键。财税扶持政策表现为创业发展进驻孵化园的绿色渠道、为大学生创业者提供税收减免政策以及给予优秀创业项目政策扶持资金等。

2. 专项扶持资金

专项扶持资金是指政府为了鼓励创新创业从财政中拨付用于扶持创业项目的专项资金。这部分资金主要是为了推动一些初期创业项目的启动和为优秀创业项目的持续推进提供帮助。

（四）高校支持

高校是大学生创新创业的主要阵地，很多高校在大学生创新创业方面都给予了一定的帮助，如高校针对校内创新创业逐步展开了创业服务、建设了创业基地和提供了专项创业扶持资金。

1. 创业服务

主要是高校针对大学生创新创业给予的一系列帮扶性服务。如高校在校内成立创业协会、创业教育学院等专业性的组织，并依托创业基地建设为创业组织提供指导教师、创业课堂、创业市场对接平台等。借助这些创业服务，大学生能够更加明确自身的创业方向，也能够使自己的创业素质得到提升。同时，学校也积极地帮助大学生进行创业项目转化。

2. 创业基地

主要是大学生创业项目开展的办公环境。目前，很多高校已经在学校中建立了创业孵化中心，为大学生提供了创业办公场所。同时也会为大学生创业提供校内店面等，帮助他们进行产品和服务的市场化。同时，高校也积极推动大学生创业项目的社会交流，鼓励创业项目走出去，推动项目走进创业孵化器，以获得更大的发展空间。

3. 专项创业扶持资金

政府在创业资金方面给予了创业团队一定的扶持，高校在这一方面也为大学生创新创业提供了便利。很多高校都有用于扶持校内学生创业的专项资金。在大学生成立创业队伍后，根据商业计划书进行申报，经过学校专家的评审后方可获得专项资金，并且学校会开展定期的检查，做到专项资金的专用。

4. 教学资源丰富

互联网给创新创业教育活动的开展提供了丰富的资源，教师可以依托网络平台，收集丰富的素材，借助典型案例，组织学生探究分析。教师可以让学生合作探讨，一起完成课题任务，使学生的思维发生碰撞，产生新的观点，以此培养学生的创新精神。创新创业教育本身带有很强的实践性，只对学生进行理论教学远远不够，在教学过程中，教师需要把学生带动起来，给学生创造实践机会，使学生把理论知识运用于实践之中，以此增强教学的实效性。在“互联网+”背景下，教师可以利用网络资源，整合教学内容，构建完善的知识库，给学生提供丰富的素材，引导学生探究分析，以此调动学生的思维。大学生的心智趋向于成熟，有较强的自主意识，因此教师可以通过课题教学的方式让学生自主采集信息，进行市场调研，对真实的数据进行分析，最后以书面报告+阐述的方式把自己的成果呈现出来，以此培养学生的实践能力。教师可以让学生把知识库中的资源充分利用起来，发挥知识库资源的作用，以此给学生提供素材和思路，从而提高创新创业教育的有效性。

5. 实践机会较多

在“互联网+”背景下，网络技术已处于成熟状态。创新创业教育作为一门实践课程，学校需要充分利用信息技术，为学生提供网络创业平台，给学生创造实践机会，以此培养创新创业型人才。学校在搭建网络创业平台时，需要实现资源共享，借助现有的平台，鼓励学生积极创业，充分地把资源利用起来，以此推动创新创业教育的实施。网络创业平台的建立，可以给当代大学生提供展示才华的机会，能够帮助学生实现自我价值，增加学生的实践经验，对学生的未来发展有很大的促进作用。互联网与创新创业教育的融合，极大地推动了教育教学活动的开展，学校可以开展互联网创业设计大赛，挖掘学生的潜能，调动学生的积极性，以此丰富学生的实践经历，提高学生的创新创业意识，促进学生的全面发展。

二、“互联网 +”背景下大学生创新创业面临的挑战

（一）支撑保障体系有待完善

高校开展的创新创业教育离不开社会力量的支持，其中，政府在创新创业教育培育体系中发挥着重要作用。虽然政府加大了对高校创新创业教育的支持力度，但支撑保障体系仍然有待完善，所设立的基金有限，创业孵化基地运营受到限制，导致部分创新创业项目无法高效开展，因而制约了创新创业教育作用的发挥。高校开展的创新创业教育课程与社会的发展息息相关，直接关乎创新创业型人才的培养，与社会就业率有着紧密联系。因此，政府在“互联网 +”背景下需要加大对高校创新创业教育的扶持力度，并将政策落到实处，以此推动创新创业教育的发展。

（二）创业资金缺乏，成功率较低

大学生利用“互联网 +”进行创新创业活动，与进行实体店创新创业项目相比存在成本低的优势。比如实体创业需要在租赁店铺或者装修店面等创业前期阶段投入大量成本，而“互联网 +”创新创业在这些前期投入方面确实可以节省很多成本。但是创新创业是一个很漫长的过程，资金问题将一直伴随大学生创新创业的整个过程。由于现在大学生一般都是在学校学习，并没有经济独立。因此，当大学生计划投身到创新创业事业中时，资金难题就会变成一个很现实的问题。

虽然现在中央和地方各级政府都出台了很多优惠政策来积极鼓励和支持大学生进行创新创业活动，大学生确实可以通过贷款或资助等方式获取一部分创新创业启动资金，但不得不承认，在整个创新创业过程中，这些资金远远不够，仅靠大学生自己筹集资金和政府少量贷款或资助是很难维持创新创业活动的。因此，大学生创新创业者极有可能由于自身经济条件的不足，而遏制其创新创业发展的规模和速度。除资金问题外，大学生还缺少获得创新创业资金的平台和机会，能够通过学校或社会等其他渠道获得创新创业资金的机会较少。而“互联网 +”创新创业企业在发展初期或者很长时间内都会处于投资多回报少的亏损状态。由此可见，大学生“互联网 +”创新创业困难重重，任何一个环节出现问题，都有可能导致失败。因此，大学生创新创业者在项目进行过程中得不到投资或者难以实现融资时，资金问题就会成为大学生开展创新创业活动的明显劣势。

（三）技术更新快，核心技术难度大

“互联网 +”时代是一个信息技术更新一日千里的时代。我国要想在激烈的国际市场竞争中获取一席之地，新技术的研发不可或缺。但是，新技术的研发需要投入大量的人力、物力、财力，这对刚进入社会的大学生创新创业者而言，无疑是一个严峻的挑战。其中，技术人才作为人力资源管理体系的重要组成部分，直接关系到企业技术能力能否领先竞争对手，充足的人才储备是企业持续发展的不懈动力。

首先，对大学生创新创业者来说，将新一代信息技术与传统行业进行结合必须拥有一定的技术基础。大学生创新创业者无论是利用电子商务平台开店，还是自己建立门户网站，都需要足够的互联网知识和计算机技术基础支持。

其次，有关部门调研大学生创新创业项目时发现，部分创新创业项目技术含量低，在市场竞争中并不占优势。目前，大学生在选择创新创业项目时虽然很多利用了新技术手段，但大多还是集中在低附加值项目的流通服务业，并没有真正发挥新技术的优势。大学生创新创业项目要想获得成功、赢得市场，最根本的还是要有核心技术支撑的产品和服务。

最后，对处于创新创业初期的大学生来说，团队建设非常重要。大学生创新创业者可以充分利用团队优势，让经营管理型人才和技术型人才形成优势互补，敏锐捕捉市场变化，开发出满足市场需求的核心技术和服务。然而，大学生创新创业团队很多是靠“义气”组建的，往往职位与能力不匹配，并没有真正发挥互补优势，阻碍了大学生创新创业。大学生只有不断攻克技术和产品服务难关，才能在市场竞争之中占据一席之地。另外，大学生创新创业初期由于核心技术壁垒不高，很容易受到其他企业的挤压，甚至被其他企业模仿和超越。因此，对大学生创新创业者来说，企业的核心技术能力是非常重要的，否则面对强大的竞争对手，其项目随时都面临被淘汰的威胁，进而影响创新创业企业的进一步发展。

（四）大学生创业经验少，创业资源匮乏

首先，大学生并没有对“互联网 +”环境下创新创业的风险性和残酷性有足够的认识和准备。大学生由于经验不足，难以对复杂多变的市场环境做出正确判断，使得其产品和服务定位不准确。大学生创新创业选择多集中于与自己专业相关的领域或与学生生活息息相关的行业和领域，视野不够开阔。

其次，缺乏经验的大学生创新创业者没有清晰可行的目标，经营管理缺少战

略眼光，缺乏创业风险意识。大学生在进行创新创业活动的时候，并没有提前对市场规模、营销方式、产品价格等进行市场调研，很多情况下只是依靠自己的兴趣爱好，这样在之后的经营过程中很容易出现风险，导致大学生创新创业走弯路、遇挫折或者直接失败。

再次，由于缺乏经验，大学生“互联网+”创新创业往往缺乏新意，模式单一趋同，容易在市场竞争中被淘汰。“互联网+”虽然为大学生创新创业降低了门槛，但却比传统创新创业更加残酷。

最后，大学生社会资源占有率低，缺少政府、社会、学校的有效支持，很容易在遇到困难的时候产生挫败感。比如高校只是单纯地重视创新创业教育或者举办各种创新创业比赛，却无法提供足够资源搭建平台。另外，缺乏创新创业实习基地或孵化基地建设不健全，使得学生很难获得有关创业企业的实际经营和管理经验，没有形成学生可以充分利用学校、企业和社会三方资源的有利环境。

第三章　大学生创新创业思维的拓展

要想培养大学生的创新创业思维需要进行以下三步：首先，创建与大学生有关的创新创业商议和交流的平台；其次，激发大学生进行创新创业的内心想法，增强他们实践的勇气，帮助其实现自我价值；最后，引导大学生将创新创业梦想由理论转化为现实，为其未来步入社会进行事业发展以及形成成熟的创新创业思维奠定基础，从而运用于国家相关方面的建设和社会的优化发展。本章分为创新创业思维基础、创新创业思维拓展两部分。

第一节　创新创业思维基础

一、创新思维

（一）创新思维的定义

创新思维可拆解为“创新”与“思维”两个词进行理解。创新是指人类为了达到一定的目的，遵循事物发展的规律，对事物的整体或其中的某些部分进行变革，从而使其得以更新与发展的活动。创新在当今世界，尤其在我国是一个出现频率非常高的词。在2015年的《政府工作报告》中，国务院总理李克强38次提到“创新”。同时，创新又是一个非常古老的词。在英文中，创新这个词源于拉丁语。它原意有三层含义：第一，更新；第二，创造新的东西；第三，改变。“创新”遍及社会的方方面面，比如产品创新、市场创新、模式创新、管理创新等。总之，凡是有助于提高工作质量、生活质量、工作效率或竞争地位的，都可以称之为创新。创新不一定是全新的东西，强调的是在当前情境下对旧事物的扬弃。

思维是指人脑对客观世界的反映，即借助语言对客观事物的概括和间接的反映过程。按照信息论的观点，思维是对新输入信息与脑内储存的知识、经验、价值观等进行一系列复杂的心智操作的过程；思维以感知为基础，又超越感知的界限。通常意义上的思维，涉及所有的认知或智力活动，它探索与发现事物内部的本质联系和规律性，是认识过程的高级阶段。思维对事物的间接反映，是指它通过其他媒介认识客观事物，即借助已有的知识和经验、已知的条件推测未知的事物。从这个角度来说，思维是指思考的方向或思考的维度，是一个基于某种目的而进行的有意识的探索过程。这个目的可能是理解问题、决策制定、解决问题、判断、采取行动等。

创新源于创新思维，可以认为，创新思维是指相对既有对象，提出更新或加以变革的思考方向。创新思维是创新的基础与前提：先有创新思维，才可能产生创新的结果。创新思维有狭义与广义之分。狭义的创新思维是指思维成果是首创的、独一无二的，具有社会价值和社会意义；广义的创新思维是指（对个体而言）以前头脑中不存在的、没有经历过的新颖、独特的思维过程。后者更具普遍性与实践性。总之，创新思维既是相对于群体的，也是相对于某个个体应用了独创、新颖的方式解决问题的思维过程。

人们在面对问题时，通常的思维方式是利用现有信息进行分析、综合、判断、推理而产生解决办法，实则是将所需解决的问题与头脑中已储存的曾经历的问题进行匹配，以寻找解决问题的办法。其本质是通过学习、记忆和记忆迁移的方式去思考问题。这种思维被称为自然思维、再现性思维，也被称为习惯性思维。而第二种思维方式则是在已有经验的基础上，寻找另外的途径。从某些事实中探求新思路、发现新关系、创造新方法以解决问题，这被称为创新思维。比如，在番茄采收机的发明过程中，番茄皮易被夹坏，虽反复调整机器的压力但也解决不了这一问题；后来培育出硬皮番茄或方形番茄解决了该问题。前一种做法的思维即为习惯性思维，后者则为创新思维。

同样一个问题，人们采取不同的思维方式去寻求解决的方法，可能产生完全不同的效果。人们习惯的第一种思维方式，要么解决不了问题，要么没有使用当前更适合的解决问题的方式。而第二种思维方式则挣脱了习惯性思维的束缚，寻找到更佳的解决方法。番茄采收机的发明正是运用了创新思维，创造性地从采摘对象——番茄着手，以新颖、独特的方式解决了自动采收番茄时番茄皮易被夹坏的难题。常规的定义中，创新思维是指以新颖独创的方法解决问题的思维过程，通过这种思维能突破常规思维的界限，以超常规甚至反常规的方法、视角去思考问题，提出与众不同的解决方案，从而产生新颖的、独到的、有社会意义的思维成果。这个定义包含两方面内容：首先，它是能够产生创造性社会后果或成果的思维，即新颖、独特、有价值是创新思维的成果判断标准；其次，它是在思维方法、思维形式、思维过程等方面富有独创性的思维。简言之，创新思维就是思维本身和思维结果均具有创造特点的思维。

国家思维科学首席专家王跃新在其《创新思维学》一书中界定了创新思维的本质。他认为创新思维是思维主体依托大脑（尤其是右脑）皮层区域的运动，以人类特有的高级形式的感知、记忆、思考、联想、理解等能力为基础，在与思维客体的相互作用过程中，通过发散和收敛、求异与求同、形象和抽象、逻辑与非逻辑等辩证统一的思维过程，历经准备期、酝酿期、明朗期和验证期四个时期，形成具有首创性、开拓性、复合性认知成果的心智活动。王跃新的这个定义内涵丰富而全面：第一，创新思维的能力来源是感知、记忆与想象。这三者中，感知是唯一有外显特征的，更具体地说，感知过程包含的知觉三阶段即展露、注意和解释等与外界有交互作用。第二，引发创新思维的形式有发散、形象、逆向等。如果个体这些方面的思维能力强，则将有利于创新思维。故而，针对思维形式的教育也是当前创新思维教育的主要内容之一。第三，创新思维的过程包含准备期、酝酿期、明朗期和验证期四个阶段。第四，创新思维的成果具有首创性、开拓性、复合性等特点。

贺善侃教授在《创新思维概论》一书中认为，创新思维是指人类在探索未知领域的过程中，充分发挥认识的能动作用，突破固定的逻辑通道，以灵活、新颖的方式和多维的角度探求事物运动内部机理的思维活动。他指出，广义的创新思维是经常可见的、面广量大的思维，常见于人们日常的思维活动中。只要对确定的规则有所突破，对已有的思路有所更新，对以往的方法有所改善，都可称作某种意义上的创新。狭义的创新思维以优见长，属于高级、尖端的思维活动，是创新思维中的精华。前者是后者的基础。

（二）创新思维的特点

1. 突破性

创新思维又被称为突破性思维，顾名思义，它具有很强的突破性，是从已知的信息出发，综合考量各个方面，从而发现其中的新的联系，再重新进行排列组合，从而得出一个新的结果。历史上很有名的诸葛亮草船借箭击溃敌人就运用了这种思维。创新就是新事物的产生和旧事物的灭亡，而新事物的产生基于对旧事物的反思。要想成为一个具有创新思维的企业家，就要敢于质疑、敢于批判、敢于实践。我们应该学会打破传统思维的枷锁，对所有事物进行积极思考，保有好奇心，从而激发我们自身的潜力，打破常规、进行创新。当学会了对事物进行思考、进行批判创新之后，就能满足我们的好奇心，这样一来，当新问题出现时，我们就能以饱满的热情去解决问题。

2. 新颖性

创新和企业家精神的本质是寻求差异，寻找以前所没有的方面，找到令人耳目一新的特点。创新思维突破了既定的框架，具有新颖性。时代在进步，思想和知识也在不断地更改，更加正确和权威。

3. 深刻性

思维具有深度。有深度的人自然喜欢有深度的事情，他们不会拘泥于浅层，喜欢多方面对事物进行思考，从而对事物有一个精准的把握，这样就可以更好地对事物的发展方向做出一个相对精确的判断。

4. 独立性

创新思维的独立性是指相信科学，不盲目从众，在经过自己独立的思考之后，对现有的方案进行突破，不固执地坚守前人的思想和观点，能提出自己的思考和证明方法，产生新的理论。现有的理论和思想可能只是暂时的真理，只有对其秉持怀疑的态度，才可能有所创新、有所突破。

5. 意外性

创新思维可能是长期的积累，但大多时候是一种灵感的迸发。在正常情况下，有时突然对某一事物产生的新的灵感就有可能使一个新的事物出现。

6. 快速反应性

创新思维的快速反应性是指当你遇到一件事情时，能够迅速对这件事情进行评估，并做出相关的灵活反应。思维的快速反应是以思维的灵活为基础，并且取决于人的思维能力，比如临场应变能力。

创新思维的快速反应性还反映在是否能在普通且寻常的事物中找到不一样的东西，拥有侦探思维。例如，著名物理学家伽利略·伽利雷（Galileo Galilei）就从大家都相信的科学真理“坠落物体的速度与质量成正比”中发现了问题；哲学家卡尔·海因里希·马克思（Karl Heinrich Marx）从日常存在的商品中发现了问题等。总的来说，具有创新思维的快速反应性，通常就能找到问题的所在。

（三）创新思维的过程

1. 准备期

准备期又称为准备阶段，是准备和提出问题的阶段。准备期的目的是使问题概念化、形象化和具有可行性，主要包括发现问题、界定问题和设立目的的过程。

创新思维总是在人产生进行某种创造性活动的动机和欲望之后而产生。一切创新都是从发现问题、提出问题开始的。问题的本质是现有状况与理想状况的差距。差距引致怀疑和不满，从而产生问题，实质是理想与现实间存在的矛盾。正确认识矛盾从而找出确切的问题是关键。犹太裔物理学家阿尔伯特·爱因斯坦（Albert Einstein）认为，形成问题通常比解决问题还要重要，解决问题不过牵涉数学上的或实验上的技能而已，而形成问题并非易事，需要有创新性的想象力。他还认为对问题的感受性是人的重要资质。因而从事创造性活动，首先必须有一个充分的准备期，这是一个外部信息输入环节。要解决的问题存在许多未知数，因此要搜集前人的知识经验，对问题形成新的认识，从而为创造性活动的下一个阶段做准备。

首先，对知识和经验进行积累和整理。任何领域都存在前人积累的知识和经验，要想创新，必须对必要的基础和专业知识进行深入学习，目的是储存必要的知识和经验、了解筹集相关技术和设备。大发明家托马斯·阿尔瓦·爱迪生（Thomas Alva Edison）为了发明电灯，光收集资料整理成的笔记就有 200 多本，总计 4 万多页。创造者在创造之前，应了解前人在同类问题上所积累的经验、前人在该问题的解决上进展到什么程度以及已经解决或尚未解决的问题等，并做深入的分析。这样，既可以避免重复前人的劳动，浪费时间，还可以从旧问题中发现新问题，从旧关系中发现新关系，有利于找到全新、有价值的起点。这个阶段借助专业知识或模型，尤其是前沿技术将大大提升思考的高度。

其次，搜集必要的事实和资料。任何发明创造都不是凭空生发的，都是在日积月累、大量观察研究的基础上进行的。有学者在研究英国生物学家查尔斯·罗伯特·达尔文（Charles Robert Darwin）提出的进化论后指出，达尔文是经过了许多年的观察、对比才逐步建立起进化概念的，正如法国著名微生物学家路易斯·巴斯德（Louis Rasteur）所说“在观察领域中，机遇只偏爱那种有准备的头脑”。这是因为对机遇观察的解释才是在创造中真正起作用的。机遇只起了提供机会的作用，必须由创造者去认出机会，并有所发现。机会的辨识要求思维主体不能只关注信息的重要性或相关性，而要尽可能拓展看似不相干的信息。这需要借助各种拓展信息的工具。

最后，明确目标。这要求了解问题的社会价值，知道它能满足社会的何种需要以及具有何种价值前景。明确目标将引导思维主体以终为始进行思考，既利于正确辨别问题，也利于增强解决问题的意愿，最终促进问题解决。

准备期一般遵循以上三步。在这个阶段，思维主体已明确所要解决的问题，也收集了资料信息，了解了问题实质，确认了问题的价值。但是，在这个阶段，这些不断尝试和寻找初步的解决方法，应用有关的知识、操作相关技能等均行不通，以致问题解决进入了僵持状态。

2. 酝酿期

酝酿期也称为沉思阶段、孕育阶段或多方思维发散阶段。酝酿期是理解、吸收已有的资料信息，不断深化对资料的认识过程，或者对如何解决问题进行反复思考的过程。这一时期要对准备期收集的资料、信息进行加工处理，探索解决问题的关键。此阶段，时间、精力耗费巨大，大脑处于高强度活动中。

创新思维的酝酿期，特别强调有意识地选择。所谓“选择”，就是充分地思索，让各方面的问题都充分地暴露，进而舍弃思维过程中那些不必要的部分。这一时期，要从各个方面进行思维发散，让各种设想在头脑中反复撞击、组合，按照新的方式进行加工。此时要主动地使用创新方法，不断选择，力求生发出新颖的创意。富有创造性的人都注意选择，法国数学家亨利·庞加莱（Jules Henri Poincaré）认为，任何科学的创造都发端于选择。选择的目的就是提高找到真正有价值的创意的可能性，因此，庞加莱还说：“所谓发明，实际上就是鉴别，简单说来，也就是选择。”

酝酿过程的深刻和广泛对于创意的丰富性、新颖性、独特性至关重要。要想打破成见，独辟蹊径，冲破传统思维方式和“权威”的束缚，酝酿期就要有意识地把思考的范围从熟悉的领域扩大到表面上看起来没有什么联系的跨专业领域，特别是常被自己忽视的领域。这样，既能获得更多的信息，还能进行多学科知识的“交叉”，从而在一个更高层次上把握创新活动的全局，寻找到创新突破口。

在酝酿期由于一时难以找到可行的答案，因而我们可以通过有意识地转换，把思考的问题一次或多次搁置。研究表明，大脑长时间兴奋后有意松弛，有利于灵感的闪现。因而，在此阶段有机结合思维的紧张与松弛，比如运动、睡觉、聊天、画画、阅读等，将更有利于朝问题解决的方向发展。这是因为潜意识里的思维活动并没有真正停止，问题仍萦绕在头脑中。

酝酿期需要思维主体具备良好的意志品质和进取型性格，这是此阶段取得进展直至突破的心理保证。酝酿期百思不得其解，通常漫长而艰巨，可能持续数日、数年甚至十多年。思维主体置身于“山重水复疑无路”的困境却又欲罢不能，常会出现类似于“安培把车厢当黑板”“牛顿把手表当成鸡蛋煮”“陈景润对着电线杆说对不起”等狂热或如痴如醉的现象。所谓“为伊消得人憔悴”，唯有坚持才可能成功，因而，思维主体的个性特质尤为重要。

这一阶段最大的特点是潜意识的参与。由于问题是处于表面暂时被搁置而实则继续思考的状态，因而这一阶段也常常被认为是探索解决问题的潜伏期。

3. 明朗期

明朗期即顿悟或突破期，也即顿悟阶段，指突然找到了问题解决的办法。在这一阶段，思维主体会突然间被特定情景下的某一个特定启发唤醒，久盼的创造性突破在瞬间实现。人们通常所说的“豁然开朗”即是描述这种状态的。

明朗期是酝酿期一次有价值的选择的延伸。明朗期的思维经过准备期和酝酿期，已达到一个相当成熟的阶段，很容易被外界所触动，于是豁然开朗，找到问题解决的途径。明朗期看似“得来全不费工夫”，比如化学家弗里德里查·凯库勒（Friedrich Kekule）突然从蛇咬住自己尾巴的梦中惊醒，提出了苯分子的环状结构。但这个创新设想生发的前提在于思维主体对问题有浓厚的兴趣，对问题进行过专注的研究，有长久持续的自觉思考，对寻求解决问题的方法有强烈的渴望，即必须经历“踏破铁鞋无觅处”的酝酿期。

明朗期也被认为是“真正的创新阶段”，因为只有这个阶段的产物才是对问题的解决最有价值的。但是没有上一阶段的长期、足量甚至过量的思考，灵感是绝不会产生的。所以，前两个阶段的创新性实践是此阶段的必然趋势，此阶段的灵感是前两个阶段创新努力的必然结果。从这个角度来说，有意识地延长准备期与酝酿期是对明朗期的质量保证。

4. 验证期

验证期是解释与评价阶段，是完善和充分论证阶段，也称为实施阶段。此阶段主要是对前面三个阶段形成的方法、策略进行检验。否则，这些成果既无法判断正误，亦无法被物化为可供他人所能理解和接受的科学理论。这是一个“否定—

肯定—否定”的循环过程。创新者通过不断的实践检验，从而得出最恰当的创造性思维成果。

验证期，首先是理论上验证。突然获得的灵感，只存留于思维之中，要将之加以阐述与呈现，首先需要解释，进行逻辑的加工和证明。这要求建立起理论上的支持，通过整理、完善和论证，进一步充实。从灵感而来的结果难免稚嫩、粗糙甚至存在若干缺陷，完全不做修改的新观点、新设想是比较少有的。其次，还要放到实践中检验。要把抽象的新观念落实到具体操作的层次上，要把得到的解决方法详细、具体地阐述出来并加以推演和验证。创新思维所取得的突破，假如不经过这个阶段，就不可能真正取得创新成果。苯的结构式灵感源于梦中，但确证为环形是经过凯库勒严格实践证明的。因此，凯库勒曾说过，也许会做梦就可以创新，但在梦受到清醒的头脑证实之前，千万别公开它们。

此外，验证期还是又一次或进一步的创新探求或尝试。通过检验，既可能对假设方案进行部分修改或补充，也可能会因为可行性原因而全部被否定。这要求思维主体保有乐观、积极心态。虽然验证期的心理状态较平静，但需要耐心、缜密，不急于求成和不急功近利最为关键。这是由于前三个阶段的高强度思维付出，思维主体极易忽视影响方案的不利因素，而极力扩大或夸大方案的成效。

总之，创新思维通常难以一蹴而就，每个阶段都可以应用各种思维方法拓展知觉，以产生好的创意。

创新思维的四阶段理论是一种影响最大、传播最广且具有较强实用性的过程理论。准备期的重点是掌握知识、收集材料、扩展知识、初步探索。酝酿期是对问题进行思考和分析后寻求答案，重点是理解、吸收已有的资料信息，不断深化对资料的认识过程，或者对如何解决问题进行反复的思考，促使人们找到问题的关键。明朗期是经过酝酿期的思考分析后，创造性的新思想、新观念逐渐产生，并在灵感的触发下形成解决问题的新假设。验证期是对许多新思想、新观念、新设想加以实验、评估和实践。这四个阶段蕴含着思维从发散到收敛的过程。

创新思维过程的四阶段理论虽不能确切说明创造性思维产生的过程，但主体在不同阶段的心理情绪变化对潜意识与灵感产生的相关研究具有较好的启迪作用，尤其从认知心理学视角探讨创新思维培养的实践性则更具价值。

关于创新思维过程的阶段性，英国经济学家威廉·贝弗里奇（Willian Beveridge）也认为创造有四个步骤：收集情报、深入思考、形成概念、评价新想法。此外，学界还存在三段、五段、六段、七段等观点。一些心理学家根据信息加工的观点，以问题解决为蓝本来探讨和分析创造性思维解决问题的过程。其中，最具代表性的是美国社会心理学家阿玛贝尔（Teresa Amabile）的观点，她认为创新思维过程也可以看作一个问题解决的过程，即一个发现问题、组织问题和解决问题的过程。

创新思维活动由提出问题或任务、进行准备、产生反应、验证反应、得出结果五个阶段组成，而且这五个阶段相互联系，形成一个复杂的循环系统。近年来，随着现代认知心理学的迅速发展，有一种研究思路以信息论、系统论、控制论为基础，把人对问题的解决作为一种基本的信息加工过程来考察。该研究思路认为，个体的问题解决一般过程表现为：获取外界信息，经编码后转化为主体信息系统的一个部分贮存起来，然后激活和加工整个主体信息系统的有关部分来指导行为，从而解决问题。其中，主体的监控与调节贯穿整个加工过程的始终。

（四）创新思维的内容

创新思维是思维素质、思维心理、思维形式、思维环境和思维效果的系统综合反映。

1. 思维素质

一般来说，一个人的创新思维是否活跃，首先取决于个人的创新思维素质。这种创新思维素质包括智力因素（创造能力、创新意识、知识信息）和非智力因素（钻研精神、兴趣爱好、实践能力）。

2. 思维心理

创新思维的发生是一种复杂的心理活动。现代实验心理学研究成果表明，人的心理活动是多层次、多形式、多功能的。思维和心理是紧密相连的。思维活动是一种高级的心理活动，像情绪、兴趣、性格、意识、意志等各种心理因素，都不同程度地伴随着思维过程的始终。虽然创新思维与一般性思维都属于思维这一心理学范畴，但两者之间却有某种“质”的差异，这里着重强调的是“潜意识心理”。潜意识是创新思维的自动导航仪，它时刻追寻着创造者所期望和控制的目标。这种“潜意识心理”不为自己所意识到而往往被忽略，因此，凡创造者都会自觉地培养这种潜意识心理环境。要培养潜意识心理环境，首先必须从现实的自我观察开始，并在一系列的自我动机、自我期望、自我控制、自我调节、自我意象、自我投射、自我反馈过程中得到实现。其中的自我控制、自我调节用于保证“情感”“兴趣”始终如一，唯有如此，才可以实现这种潜意识心理环境的协调一致。

3. 思维形式

创新思维作为一种综合性思维，其主要特点在于它不是也不可能是依靠某一种或两种思维形式合作的结果，而是各种思维形式综合作用的结晶。比如人的创新思维过程绝不是单纯的抽象（逻辑）思维，总要有些形象思维，甚至要有些灵感（顿悟）思维。可见，创新思维是一种综合性的思维，它的三种基本思维形式对哲学家、科学家、工程师和文学艺术家进行创造性活动来说，都是十分重要的。

4. 思维环境

人的思维和意识不仅反映外部世界，而且创造外部世界。创新思维的目的在于改造外部世界，一方面要受实践活动的制约，另一方面又表现着集体思维效果——知识。从主客体关系角度出发，我们将其称为思维的社会环境，即创新思维的产生和作用与思维的社会环境密切相关。解决好思维主体与思维客体、思维结果与实践效果的关系问题，是发挥创新思维的重要因素。

5. 思维效果

衡量创新思维的标志在于思维效果如何。一般来讲，凡有突破性、独创性和实用价值的思维，都算得上是一种创新思维，这是衡量是不是创新思维的实践标准。

（五）创新思维的因素

1. 直觉

人们在解决问题时，有时会不经过逐步的分析和推理而迅速对问题的答案做出合理的猜测和设想，这种跃进式的思维被称为直觉思维，简称直觉。直觉的创新作用表现在对事物的直观判断、猜测和预感上，它是以丰富的知识、经验为基础的。

直觉具有非逻辑性和整体把握性的特征。生活中农夫识牛、骑手相马、工人听音判断机器的故障、大夫诊断、棋手对弈及所谓的“一见钟情”等，都含有直觉的因素。爱因斯坦认为，直觉依赖“对经验共鸣的理解”。直觉与灵感的一个很大的区别就在于它有一个“共鸣”状态。灵感常常是在苦思冥想后得到的顿悟，而直觉则是一遇到问题就自然地想出了答案，是瞬间完成的。

爱迪生所用的思维方法就是直觉思维。不难看出，直觉思维实际上是把注意力宏观地放在事物整体上的一种思维，与逻辑思维是不同的。它与传统意义上的灵感也不尽相同，因为灵感的产生往往是无法控制和预测的。直觉作为人类的最高感知活动，是作为超感觉活动的形式出现的，这些表现形式包括感悟、直觉、预感、心灵感应等，也有人将其称为“第六感觉”。

整体而言，直觉具有以下几个方面的特点。

①直觉是一种右脑的高级感知活动，是一种高级的心理反应。

②直觉具有一种神秘的预感力和洞察力。这是知识、技能和经验长期积累的结果，是一种厚积薄发的能量。

③直觉具有顿悟性、直感性和无意识涌现等特性。

在进行创造性活动与自我修炼的过程中，创造者应认识到直觉是一门需要极高修行的功夫，其核心是所谓“悟性”的修炼；其次才是专业能力和其他。创造者要培养自己的悟性，就要多观察、勤思考，多学习、勤总结，多活动、勤内省，多联想、勤领悟，做到博学多思、厚积薄发、融通百家。

2. 想象与联想

（1）想象

想象是指大脑在有意识和清醒的状态下，在原有信息的基础上，经过新的组合，产生或再现多种符号的思维过程。例如，没有去过大草原的人，读到“天苍苍，野茫茫，风吹草低见牛羊”的诗句时，头脑中会立刻浮现出一幅草原牧区的美丽图画，这就是想象。

想象是人人都具有的主观行为。达尔文认为想象是“人类所拥有的最高特权之一”。两岁的孩童会对含着的奶嘴做出想象，认为是他喜欢的奶油巧克力，或者是一块非常好吃的蛋糕。创造性想象是思维高度流畅性和弹性的结合，在科学技术和艺术的发明创造中起着关键的作用。

想象可以分为两大类，即消极想象和积极想象。消极想象与积极想象的区别，主要是看有没有第二信号系统的调节和参与。第二信号系统指的是以抽象化和概括化的词作为条件刺激物的大脑机能系统。消极想象缺乏第二信号系统的调节作用，顺其自然而进行，最典型的是做梦。此外，人在打盹和失神假寐状态中所进行的想象，基本上都属于消极想象。研究与实践证明，在某种场景下，消极想象对创造行为具有一定程度的促进作用，如具有创造性成果的梦。但梦境产生创造性成果是有条件的：创造者对问题已进行了相当充分的研究，大脑皮层中形成了对解决问题的兴奋中心；在有意识的心理活动下对梦境进行去粗取精、去伪存真的充分验证等，因此，不经过长期艰苦的脑力劳动，不努力从事实践活动，只期待消极想象能轻而易举地产生创造性成果是不现实的。积极想象是在第二信号系统的参与和调节下进行的。各种创造性活动中的想象，具有一定的主动性、目的性、现实性。积极想象是我们研究的重点。积极想象按其性质又可分为再造想象、创造想象和憧憬。

①再造想象。再造想象是根据他人对某一事物的描述（言语、文字的描述或图样的示意），在头脑中形成相应的新形象的心理过程。一方面，这些形象不是独立创造出来的，而是根据他人的描述或者示意再造出来的，因此没有创造成分；另一方面，这些又是经过自己的大脑对过去感知的加工而形成的人物的形象。例如，由于每个人的知识、经验、兴趣、爱好、个性和欣赏能力的差异，个人感受不同，人们对刘备、张飞、关羽、诸葛亮、曹操等历史形象的认识也不同。每个人心目中都有自己的“三国英雄”，因此，再造想象也常包含创造性的成分。再造想象在认识活动中有很重要的意义。

②创造想象。创造想象是大脑在条件刺激物的作用下，特别是在词语的刺激下以有关的回忆的表象为材料，通过第二信号系统的创造性的调节作用，形成某种具有现实性和独创性想象和表象的过程。简单地说，创造想象是一个人按照自己的创见形成某种独创性想象的过程。创造想象是真正的创造，它不同于再造想象。再造想象中也常有创造性的成分，但两者比较起来，创造想象的创造成分更多，创造想象比再造想象困难得多。

③憧憬。憧憬是一个人对自己所祈求的未来的事物所进行的想象。憧憬与再造想象、创造想象相比，与创造想象更相似，它也是大脑形成的独创性想象过程。不过，憧憬与创造想象有两个显著区别：一方面，憧憬永远体现着一个人的某些愿望，而创造想象不一定如此；另一方面，憧憬和一个人的创造性活动并无直接的联系，而创造想象永远是一个人所从事的创造的必要组成部分。憧憬对一个人的创造性活动具有巨大的诱导作用和推动作用。一个人在开始一项创造之前，必须预先在自己的憧憬中“看到”这项创造的轮廓和成就，他才会向往着这项创造性活动和准备进行这项活动。但是如果沉溺于自己的憧憬，以憧憬代替实际行动，或憧憬完全脱离现实，憧憬就有了空想的性质，因此，憧憬不但应该具有现实性，而且应该具有效能性，才能对创造性思维产生积极的作用。

在实践过程中，对创造想象可以通过原型启发法、类比法及联想法 3 种方法予以训练与实现。下文将对联想法进行详细论述，此处不再赘述。原型启发法是以已知并熟悉的事物为启发原型，与新思考的对象相联系，从相似关系中得到启发而解决问题的一种想象方法。树上的苹果掉下来砸到牛顿的头上，启发了其对万有引力的思考，这是原型启发法的经典案例。原型与思考对象之间虽然具有一定的类似特征，但也可能由于跨度太大而造成想象难度、成果水平过高的客观现实。类比法是指已知两个对象某些属性相同或相似，而且其中一个对象还具有其他属性，推出另一个对象也应具有其他属性的思维方法。人们根据蝙蝠超声波发明了雷达，根据海豚超声波发明了声呐，这些都具有类比想象的成分。类比法是人们常用的思考与创造方法，具体的类比方法包括直接类比法、拟人类比法、象征类比法和幻想类比法等。

（2）联想

联想法是在创造过程中运用概念的衍生意义的相似性来激发创造性思维的方法，是重要的创造性思维因子。联想本质是由一事物想到另一事物的心理过程，可以唤醒沉睡的记忆，把当前的事物与过去的事物有机地联系起来，产生具有创造性的设想。

联想的方法有很多，如接近联想法、相似联想法、对比联想法、强行联想法等。

①接近联想法。接近联想又称相关联想，是将两个时间上或空间上接近的概念加以对照产生联想。这是逻辑推理中不可缺少的环节和途径。例如，“玻璃—镜子—理发店—服装店—模特—演员—话剧—电视剧—电视剧《渴望》”这一连串的联想就属于接近联想。

②相似联想法。相似联想法不受两个事物是否接近的限制。有些事物形似，以服饰为例，相似联想有“西瓜—帽”“蝴蝶—结”“燕尾—服”“荷叶边—裙”“鸭舌—帽”；以生产工具为例，相似联想有“鹤嘴—锄”“刺猬—耙”“牛角—刀”“雀舌—凿”等。其他还有方法相似、原理相似等若干方面。

③对比联想法。对比联想又称相反联想，即把两种完全相反的观念、事物或现象进行对比、对照，形成联想，如“黑—白”“水—火”“天上—地下”“过去—现在—未来”等。

④强行联想法。强行联想是指将无关的事物强制性地联系起来进行创造性思考，从而产生新的思路和观念。例如，有人把男士与倒垃圾强行联系了起来。有些男士不愿倒垃圾，有人提出男士喜欢踢足球、饮酒、下棋、开汽车等，但这些爱好与倒垃圾无关，若提出男士倒 10 次垃圾可免费看一次足球赛，思路较新，但操作困难。罗克汉普顿市美化环境委员会派出漂亮的女郎上岗管理垃圾，结果男士们看到后开始主动、积极地倒垃圾，并帮助垃圾站做一些事。“倒垃圾”与“男士”是风马牛不相及的两件事，这里却出人意料地被强扭在一起，并获得了出奇的效果。

⑤置换联想法。置换联想就是把具有同样功能的不同事物联系起来，进行相互之间的替代。在各种置换中，可有原理置换、结构置换、材料置换、工艺置换、方法置换等，总而言之，是研究对象的置换。例如，设计游泳池时可以考虑如果没有水是否可行，用什么材料可以代替水。

⑥因果联想法。因果联想是指由事物间存在的因果关系而引起的联想，如由冰想到冷、由风想到凉、由科技想到经济发展、由提高经济效益想到创造开发等。灵活地运用各类思维因素、想象方法是创造性思维实现的主要方法与路径，是创造性思维实践者必须掌握的技能与素质。

3. 灵感

所谓灵感，是指在文学、艺术、科学、技术等创造性活动中，经过研究、探索和实践积累后，思维高度集中时突然产生的富有创意的思路。它是一种思维潜在意识的被激发态，有“山重水复疑无路，柳暗花明又一村”的奇特效果。灵感具有突发性、目标性、独创性、随机性及瞬间性等特点，是创造性思维因子的重要组成部分。

二、创业思维

（一）创业思维的定义

笔者在此将“业”定义为以一定的产品或服务满足他人需求相交换的生产单位，由此“创业”便可以理解为创造这些新的生产单位的过程，而“创业思维”即是围绕生产这些生产单位的过程中所用到的思维。要想掌握创业思维的定义，首先要了解并掌握其概念和特点。创业思维，顾名思义，前提就是进行创业，主要围绕“怎样成功创业和创什么样的业”展开。创业思维是建立在“创业”基础上的思维。创业思维的主体是创业者，表现为主体对创业行为的构想，以抓住机会、实现更大的价值为目标进行的有计划和有安排的尝试。创业思维是创业者对创业活动和行为的系列设想和思考，是关于创业的系统化、理论化的逻辑体系及观点总和。对创业者来说，创业思维就是走一条不同于自己既往的或者前人的道路，其出发点和落脚点是“业”。除了定义之外，通过分析创业思维的特征也能进一步加深对创业思维的理解。作为“思维”的一种组合形式，“创业思维”是思维的一种，“创业思维”具备“思维”的一般性特征，由此，探讨“创业思维”可以从“思维”的一般特征出发。

（二）创业思维的特征

1. 整体性

一般来说，理论需要多次归纳总结才能得出。从一开始接触一个事物，到对其有认知，再到对认知的不断抹杀和再次确立，总要经历一个漫长的改变和重塑过程。这一思维流程也恰好反映出创业思维的全过程。创业思维的整体性不是简单地将各种事物相加得到一个总和，更不是直接能由系统要素推导出来的浅显的理论成果，而是各个要素之间相互作用、相互影响，塑造自身并影响周围因素的过程，这是一个融合的复杂立体网状关系，即使将各个创业思维之中的全部要素的具体功能相加，也比不上整个创业思维系统的整体功能。无产阶级革命家弗拉基米尔·伊里奇·列宁（Vladimir Ilyich Lenin）曾指出："真理是部分的总和以及它们的相互关系。"这句话意在说明，一方面研究对象是一个不可分割的整体，是一个静态的系统结构，应该全面去把握；另一方面人的思维很容易受认识对象以及环境的影响，创业思维考察的对象变动时，创业思维也会随之发生改变。在创业思维中，除去人脑这一物质载体以外，还应该将思维主体、思维所处的环境等因素置于一个整体中综合考察，只有把握创业思维的整体性才能全面、准确、科学地认识创业思维的各个方面。

2. 跃迁性

创业思维的跃迁性简单来说就是思维过程中的"豁然开朗"，是一定量变积累后达成的质变。在创业思维中，人、财、物等各要素间的组合及构建都是从量变积累开始的，逐渐转换到质变的过程，以达到最优组合。这是创业思维中的一种特殊形态。

一般来说，创业思维的跃迁性需要孕育，而非一蹴而就的。创业思维的过程是不知不觉、逐渐变化的，一旦思维成熟，新的发展思路、新的发展见解便会接踵而来，很多具有非凡价值的创业思维和动机可能就始于这一"跃"。创业思维并非临门一脚或一拍脑袋而突然做出的决定，而是创业者经过长时间的酝酿和准备才会有的实践，经过长时期的准备再加上而后思维的跃迁，最终才能促成创业实践。

3. 价值性

创业思维一定是有价值的。创业思维以捕捉机会、获得更大价值为目标，这里所说的价值包括对社会的价值和理论上的价值，通常意义上来说，创业思维的价值在于创造新的"业"、增加经济效益、提高就业率、创造社会效益等这些方面。创业思维能够协调思维客体、思维环境与思维方式的特点，在创业思维的引导下，最终能取得一定成果，体现创业思维的价值性。价值性也是检验创业思维的标尺，包括能否协调创业思维各要素间的关系、能否创造新的“业”等，即新的以一定的产品或服务满足他人需求相交换的生产单位，这些都是创业思维价值性的体现，能够满足创业个人或者团体所追求的财富，或者是实现其自身的社会价值。

（三）创业思维动态的生成过程

创业思维不是一蹴而就的，它是跨越时间和空间的，是动态的，这个过程的前提是“业”——以一定的产品或服务满足他人需求相交换的生产单位，在这个过程中，从横向上来看，创业思维是由感性出发到理性变动的生成过程，从纵向上来看，处于不同时期的创业思维又各不相同。

1.“业”是前提

“业”是人、财、物在创业思维静态结构中的系统综合，“业”在创新思维跨越空间和时间的生成过程中具有重要的前提作用。创业思维是进行创业的人对其活动和行为的系列设想和思考，是关于创业的系统化、理论化的逻辑体系及观点总和。对创业者来说，创业思维就是走一条不同于自己既往的或者前人的道路，其出发点和落脚点是“业”。创业思维要解决的是“怎样才能成功创业以及创造什么样的业才能满足社会国家需要的问题”的问题。在这个过程中，首先要考虑“业”的生成点、可持续性、增值性等，离开了这个出发点，创业思维便失去了意义。同时，“业”还是创业思维的落脚点，因为对创业思维的研究在于弄清楚创业思维的本质、内涵、特点，在此基础上将理论应用于找寻如何能使“业”的三要素更有效、优化组合的问题，创业思维从单纯的一种情感体验到对“业”的系统化、理论化的理性认知，成为完整的创业思维理论。

2.创业思维从感性转变为理性的过程

“对客体的接近就是思维”。创业思维一开始是人脑内部的单纯想法，是对创业的一种冲动和激情，在思考用何种方式去实现“业”的过程中，这种冲动和激情逐渐成熟，诱发为比较系统的认知，并与实践相结合之后才有的思维，从最初的感性认知逐渐上升为系统化、理论化的理性思维，这是一个逐渐固化的过程。马克思、恩格斯曾用“把有意识的对象分解成一个个要素”“综合的前提是分析”来形容思维，毛泽东用“一系列的抽象过程”“经过思考作用……的改造制作工夫”等论断来阐明对思维变化过程的理解。概括而言，思维就是指人脑对某一事物首先进行分析然后综合最后得出结果的过程。创业思维是由最开始的感性想法上升到理性认知，先是感性地接触外界事物或环境，而后对材料加以整理和改造，在这个过程中运用积累而来的知识和经验，这时是感性材料，对从实践中获得的材料进行分析研究，将丰富的感觉材料抽象化、理论化，最终形成概念或是系统的理论，这时是理性认识的蜕变。感性的创业思维较易受到情感、情绪等因素的影响。理性的创业思维能够反映创业本质，还包含着怎样能将对创业本质的认识应用于人的实践活动的思维问题。关于从感觉经验到理性认识的转变，经典作家提到“从表象中的具体达到抽象”“社会实践使人从客观外界得到感觉经验”。在创业思维初期，创业仅仅是激情和冲动，而后人们将“业”这一新的混沌整体当作认识对象进行分解和分析，逐渐开始理性思考如何对人、财、物进行配置才能充分发挥其价值以及“业”的实现问题。在理性思考中，分别考察对象的各个系统、要素以及相互之间的关系，再通过将各种认知联系起来辩证分析，这样关于“业”的认知便成为许多规定和关系的综合，由最初感性的创业欲求，逐渐发展为理性的创业思维。

3. 对不同历史时期创业思维的考察

“业”和生产力有着密切联系，“业”的发展变化以及人们对其的认知离不开生产技术。随着社会的更迭，生产技术也随之更新换代。人们对“业”的认知和生产技术是息息相关的，鉴于此，不同时期的创业思维随着生产技术的变化呈现不同的特征，对创业思维生成的历史考察也是描述创业思维动态生成过程的一部分。生产力是对象化的结果所表现出的物质力量，17 世纪之前依靠手推磨进行劳动，19 世纪出现了蒸汽机并应用于生产劳动，20 世纪发明的电动机大大提高了生产效率，现在核能、人工智能推动了生产力的发展。生产力的进步使组织方式、组织形式、劳动关系等都在适时调整。与创业思维密切相关的“业”也受生产力的制约和推动在不同历史时期显现出不同特点。“业”和当下的生产力息息相关。古代封建时期，土地是劳动生产的根本，是重要的生产生活资料，大丈夫保家卫国，生产完全是凭借手工劳动和工具。当时的创业思维仅仅考虑的就是占有土地这一生产资料，当然不仅要创业还要守业，这是一整个持续的过程。在资本主义兴起以后，技术条件的发展进步为个体提供了更多的机会和可能性，从机械力发展到信息力时代，“业”的存在领域和存在状态都发生了改变，不再是单纯“守”的问题，而是开始考虑如何增值的问题。这个时期“业”是建立在技术基础上的，对资本的占有、控制资本、推进资本的增值，这就是

"业"。在社会主义社会，创业中的"业"则是以人们的幸福、自由以及全面发展为出发点和落脚点，可以经由制度入手来解决、可以凭借技术来解决、可以通过组织结构来解决，这都是在创业。到了社会主义阶段，"业"有了突飞猛进的发展。这时的"业"是为了人类全面发展，社会和谐发展，从而满足社会和国家的需要。

第二节　创新创业思维拓展

一、发散思维

（一）发散思维的特征

1. 流畅性

流畅性就是观念的自由发挥，指在尽可能短的时间内生成并表达出尽可能多的思维观念以及较快地适应、消化新的思想观念。机智与流畅性密切相关。流畅性反映的是发散思维的速度和数量特征。

2. 变通性

变通性就是克服人们头脑中某种自己设置的僵化的思维框架，按照某一新的方向来思索问题的过程。变通性需要借助横向类比、跨域转化、触类旁通，使发散思维沿着不同的方面和方向扩散，表现出极其丰富的多样性和多面性。

3. 独特性

独特性指人们在发散思维中做出不同寻常的异于他人的新奇反应的能力。独特性是发散思维的本质。独特性体现的是发散思维成果的新颖、独特和稀有的特点，是发散思维的灵魂，因而它更多地代表着发散思维的本质，属于最高层次。

4. 多感官性

发散思维不仅运用视觉和听觉，而且充分利用其他感官接收信息并进行加工。发散思维还与情感有密切关系。如果思维者能够想办法激发兴趣，产生激情，把信息情绪化，赋予信息以感情色彩，会提高发散思维的速度与效果。

（二）发散思维的类型

1. 功能发散

功能发散是指以某种事物功能为扩散中心，设想这种功能的其他用途。

2. 材料发散

材料发散是指以制作某种物品的常见材料为基点，设想其他各种可用材料，并对材料的各种专用特性进行研究、改进，达到要求的目标。例如，传统的衣服是用棉制作的，还可以用毛、麻、人造纤维等材料制作。

3. 结构发散

结构发散是指以某事物的结构为发散点，设想出利用该结构的各种可能性。

4. 方法发散

方法发散是指围绕问题或目标，提出尽可能多的解决办法的思维过程。

（三）发散思维的应用

1. 立体思维

立体思维是指思考问题时跳出点、线、面的限制，立体式进行思维。如立体绿化，屋顶花园增加绿化面积、减少占地改善环境、净化空气；立体农业，玉米地种绿豆、高粱地里种花生等立体森林，高大乔木下种灌木、灌木下种草、草下种食用菌；立体渔业，网箱养鱼充分利用水面、水体立体开发资源等。

2. 旁通思维

旁通思维是指从与问题相距很远的事物中受到启示，从而解决问题的思维方式。当一个人为某一问题苦苦思索时，在大脑里形成了一种“优势灶”，一旦受到其他事物的启发，就很容易与这种“优势灶”产生相联系的反应，从而解决问题。

3. 横向思维

横向思维是相对于纵向思维而言的一种思维形式。纵向思维是按逻辑推理的方法直上直下的收敛性思维。而横向思维是当纵向思维受挫时，从横向寻找问题答案的思维方式。正像时间是一维的、空间是多维的一样，横向思维与纵向思维代表了一维与多维的互补。最早提出横向思维概念的是英国学者爱德华·德·波诺（Edward de Bono）。他创立横向思维概念的目的是针对纵向思维的缺陷提出与之互补的对立的思维方法。

4. 组合思维

组合思维是指从某一事物出发，以此为发散点，尽可能多地与另一（或一些）事物联结成具有新价值（或附加价值）的新事物的思维方式。第一次大组合是牛顿组合了开普勒天体运行三定律和伽利略的物体垂直运动与水平运动规律，从而创造了经典力学，引发了以蒸汽机为标志的技术革命；第二次大组合是麦克斯韦组合了法拉第的电磁感应理论和拉格朗日、哈密尔顿的数学方法，创造了更加完备的电磁理论，因此，引发了以发电机、电动机为标志的技术革命；第三次大组合是狄拉克组合了爱因斯坦的相对论和薛定鄂方程，创造了相对量子力学，引发了以原子能技术和电子计算机技术为标志的新技术革命。

二、变通思维

（一）变通思维的含义

变通有着深刻的含义。变，即变化、变革、改革创新；通，即通畅、通达、和谐发展。古语道：“不变不通，不变难通，小变小通，大变大通。”可见，只有变通才能创新出奇；只有变通才能因势索取、因时取宜；只有变通才能成就个性、完美自己。变通思维是指从一个方向思考问题容易陷入困境，如果变通一下思维，从另一个角度思考问题，往往能够得到意外收获的思维方式。变通思维使人能以不同方式进行思维，能从某种思想转换到另一种思想，它帮助人们在解决问题时找到不同的应用范畴和许多新观念，以不同的方式应用资料，不以僵化的方式看问题。如果一个人在讨论中，能轻易地从一个主题转换到另一个主题，并能针对讨论的问题做出不同的选择，那么可以说这个人的思维是变通的。如果一个人固执地坚持一种观念，或不能使自己的观念和他人产生关联，那么他的思维就不具有变通性。人们常以“穷则变，变则通”“随机应变”“举一反三”等来形容一个人思维的变通性。

（二）变通思维的类型

变通思维的形式和内容有很多，从思维的方向来看，有顺势变通、逆势变通和迂回变通；从思维信息的来源和范围来看，有借势变通和造势变通两种。

1. 顺势变通

在解决问题的过程中，充分利用已有的全部信息和条件，思维沿着事物发展的方向进行发散，从而寻求问题解决的办法，这就是顺势变通。

顺势变通有两个基本特征：一是方向性。顺势变通与逆势变通在方向上是相反的，也就是说，逆势变通改变了事物原本运行的方向，顺势变通并不改变事物原本运行的方向，而是建立在顺向思维的基础上，充分利用原有的惯势进行创新。二是纵横联动性。一方面朝纵深方向探究客观现象的原因，做出突破性发现；另一方面进行横向检索，把相似、相关的事物加以联系，扩散思路，以求思维的流畅性、求异性和独特性。顺势变通的这种发散性质与逆势变通是一致的，只是更强调它的联动性。这种联动性使思维的触角像发射的电波一样，向前辐射，为解决新问题、创造新事物开辟道路。

顺势变通与顺向思维在方向上虽然是一致的，但本质却大相径庭。顺向思维是定式思维，或称习惯思维，它对解决常规性的问题、进行常规性的思考较为有利，人们遇到问题，首先会用顺向思维进行思考。一位心理学家说过：“只会使用锤子的人，总是把一切问题看作钉子。”用一种固定的思维模式思考繁复的问题，后果可想而知，因此，顺向思维不利于创新思考。顺势变通讲究“变通”，是创造性思维的组成部分。顺势变通往往源于顺向思维，却升华于变通之中。

2. 逆势变通

逆势变通是指在寻求问题的答案时，利用已经获得的全部信息顺着思维思考不一定能得到问题的答案，但从相反的方向思考就能得到答案。对于一个具有因果关系的事物，运用逆势变通，倒回去思考事物发生的原因和发展的进程，从而获得对事物新的认识和设想。

逆势变通不是想象或者凭空捏造的，其存在有其存在的道理。第一，每一个事物之间的“顺”“逆”都是相对的，顺序的顺逆通常取决于思想者的位置。例如，会议讲台前排的座位顺序可以从左到右、从右到左或从中间到两侧进行排列。第二，事物之间的对立关系常常可以相互转化。例如，“祸兮福所倚，福兮祸所伏”，福祸可以相互转换。同样，在相反的极端条件下，有很多事物的发生会有同样的结果产生。例如，吃太饱和饿太狠都容易伤人；水至浊和水至清都无鱼等。上述例子支持了逆势变通的必然存在和使用它的必要性，从而得出结论，即逆势变通是解决许多难题的有效途径。

逆势变通有多种形式。从内容上分，有位置颠倒、角色颠倒、表意顺序颠倒、观点颠倒、输赢颠倒、作用颠倒、方式颠倒、程度颠倒、动静颠倒、过程颠倒、因果颠倒、主次颠倒、理论颠倒等；从方法技巧上分，有正文反作、否极泰来、大智若愚、以毒攻毒等。在逆势变通的思维过程中，人们经常运用与常规韬略相反的方法和手段解决一些复杂或蹊跷的问题，这就是正文反作，如明升暗贬、欲扬先抑等。根据事物反相演变的规律，人们对自身的思维方式和方法也采取了一些相应的策略，特别是身处绝境、事至极险时，索性再添加一些外力，促使其更绝更险，从而使事态发生根本性的变化，这叫否极泰来，如破釜沉舟、孤注一掷等。用相反的表现形式（愚蠢）掩盖自己的聪明才智和高超技艺，从而达到凡人莫及的成功或效应，这就是大智若愚，其作用是麻痹、诱陷、利用对方，促使事物向谋划好的目标转化。以毒攻毒，属反攻术，其思维过程是将对方提供的信息、手段、方法逆转方向，反作用于对方，即"以其人之道还治其人之身"。以毒攻毒大多用于那些诡计多端、能量较大的对手身上，用比对手更毒的招数来制服对手。

3. 迂回变通

如果仅仅采用正面和逆反的策略不合适，则必须适应对手与外界之间的多重关系，并采用迂回的方法，改变或创造其他外部条件来间接影响对手，这就是迂回变通。这种变通类型可以更好地体现一个人思维的灵活性、独特性和流畅性，并且是最高级别的。

客观事物的发展主要是从简单到复杂、从低级到高级，它是不断进步和上升的。但是，在事物发展的某个阶段，它可能会回归和下降，这表明事物发展具有复杂性和曲折性。人们的思想不仅应该反映事物的进步和消退，以及它的兴衰过程，而且应该采取相应的策略。当在思考问题时遇到阻碍，思路不顺畅时，特别是极其困难时，通常有两种对策：一是直线前进，或者逆向思考、顺势思维，尽自己全力消除障碍。为此，我们必须具备足够的实力和条件。二是迂回变通，即考虑是否可以通过走一条迂回曲折的道路来避开障碍；考虑是否用解决 A 问题的方法来解决 B 问题；考虑是否以退为进，以寻求一种和平的方式等。这样做，不直接向障碍挑战，不直接触动和攻击障碍本身，而思考如何设法变不利为有利，至少不让其成为拦路虎、绊脚石。这样做似乎没有直接消灭障碍那样有成就感，但最后却能取得令人满意的结果。

4. 借势变通

思维变通要依据一定的条件，当现有的条件满足不了变通需要时，人们往往采取"借"或"造"的方法。借就是"借势"，而"势"又有虚、实之分，因此借势又可分为"借实"和"借虚"两种。借实是指借用他人现有的物质条件壮大自己的力量，提前获得成功。借虚是指运用多方面的知识和多维的思路，利用各方面的综合条件和信息，提出多重的假设，将有利于解决问题的原理和方法迁移到自己的思维活动之中，用来解决难以解决的问题。例如，将某个学科领域的新原理、新技术、新方法应用到其他学科领域中，为解决该学科领域的疑难问题提供启示或帮助。

借势变通不是一蹴而就的，它是具有迂回性的。借势变通的实现依赖中介思维方法，即首先积极寻求中介因素，在充分掌握现有信息的基础上，弄清可以借用的条件，适应彼此之间的多重关系，“以我为主，为我所用”。借势变通的再创造与造势变通是有差别的，不能一概而论。借势变通的重点主要在一个“借”字上，它是借用已有的条件。而对造势变通来说，讲究一个“造”字，它的本质是创造，是创造出符合变通需要的新条件和解决问题的新思路，它不依赖现有的条件，也不依赖经验模式。

借势变通的重点在于可以借用已有的条件和经验模型，并根据遇到的现实问题进行改变和创造。因此，借势变通的级别低于造势变通的级别。借势变通和造势变通常常是分不开的，有时借势变通就是造势变通的跳板。

5. 造势变通

造势变通意味着在思维的过程中，将已有的所有信息调动起来，以创造有利于解决问题的条件，从而改变当下较弱的形势，从而使不可能成为可能。造势变通是变通创造的最高形式，是人类思维对客观现实的能动作用和积极反应，是创造性地改造世界的充分体现。造势变通的主要特征如下。

（1）非兼容性

实际问题可以分为两类：一类是可以在已有条件下解决的问题，称为兼容性问题；另一类是在已有条件下无法实现的，即非兼容性问题。想过河，有桥有船皆可，无桥无船就很难。造势变通要解决的就是非兼容性的困难问题。它有两个任务：一是把非兼容性问题转化为兼容性问题；二是用特殊的思维方式找出解决非兼容性问题的最佳途径。这两个任务归根结底就是造势。

（2）特异性

造势变通的过程较独特。一般的变通思维不管如何求异，总有序可循、有样可仿。但是，造势变通并没有明确的思考步骤，很难找到其思路。要么与跳跃的思维并存，直奔结果；要么顿悟。造势变通的结果也不固定，通常既合理又出乎意料，它是唯一的，很难复制，并且它来来往往无影无踪，转瞬即逝。

变通思维的五大类型在实际操作过程中，又相互交融在一起，你中有我，我中有你，不可截然分开。只有将其有机地结合，才能发挥作用。另外，从本质上讲，任何形式的变通，都是在变化的思维形态中实现的，因而，有些变通案例虽然很难归类，却往往是以上所举的五大类变通之集大成者，是综合性的变通思维方法。

（三）培养变通思维的方法

在漫长的人生中，人们会遇到各种各样的问题和变化，所以每个人都需要具备变通思维。掌握变通，不仅是做人之诀窍，而且是做事之诀窍。培养变通思维的方法如下。

1. 要善于改变自己的思维定式

人的思维方式，常常出现两大定式：一是直线型思维，不会拐弯抹角，不会逆向思维和发散思维；二是复制型思维，常以过去的经验作为参照，不容易接受新鲜事物。西方有一句谚语："上帝向你关上一道门，就会在别处为你打开一扇窗。"陆游有诗云："山重水复疑无路，柳暗花明又一村。"只要不拒绝变化，并且善于改变自己的思维习惯和观念，就能走出困境，进入新的天地。

2. 审时度势，打破常规

所谓审时度势，就是要学会察言观色，观察不同事物之间的相似之处以及相似事物之间的差异。作为一个好的领导者，在审时度势时，要做到以下三点：①要有良好的态度。②具备同理心。一位作家曾经说过："肯替别人想，是第一等学问。"要经常站在别人的角度思考。③打破常规。英国物理学家约翰·戴斯蒙德·贝尔纳（John Desmond Bernal）说："构成我们学习最大障碍的是已知的东西，而不是未知的东西。"对一成不变的坚持规则的人来说，一切都是不可能的。对喜欢打破固有的规则的人来说，一切皆有可能。

3. 要有勇气与自信心

（1）应对变化的勇气

勇气是一种胆识，是一种美德。面对变化和挑战，勇气就可以发挥它鼓舞的作用。一位美国人曾经对数百名百万富翁进行了调查，结果发现并非所有的百万富翁都毕业于著名的大学，他们中的许多人智力中等，但他们的创新胆识却比普通人大得多。如果要学习如何变通，首先便是要让自己拥有勇气。勇气是一种非凡力量，尽管不能用它来专门解决某个问题或克服某些困难，但这种精神和心态可以唤醒内心的潜能，并帮助人们应对所有的变化和困难。

（2）取得成功的自信心

所谓自信心，是一种心态潜能。一个人取得成功往往是因为对自己充满信心。一位心理学家指出："人的天性里有一种倾向：如果将自己想象成什么样子，就真的会成为什么样子。"换句话说，如果你是一个有信心的人，那么你就有克服困难的信心，有解决问题的信心，就可以走向成功，那么你身上的其他能力都会辅助你，你也就有可能成为你希望的那样；相反，如果你本身缺乏信心，觉得自己怎么做都做不好一件事，那么你的一切能力就会随之沉寂，自然你也就成为一个没有能力的人。

4. 要借助外界力量

不管领导者多么伟大，他们的个人能力都是有限的，但是他们可以借用外部力量来使自己变得更强大，这也是一种变通。依靠他人的力量，使自己变得更强大，而不是只自己一味地横冲直撞。

实践证明，人们一直都在寻求变通，使自己越变越好。所不同的是，那些善于变通的人会越变越好，而那些不善于变通的人会越变越差。掌握变通艺术的领导者可以应对各种突如其来的变化，在变化中找到机会，并从变化中受益。

三、想象思维

（一）想象思维的含义

想象思维是人脑通过形象化的概括作用，对脑内已有的记忆表象进行加工、改造或重组的思维活动。想象思维可以说是形象思维的具体化，是人脑借助表象进行加工操作的主要形式，是人类进行创新及其活动的重要的思维形式。

想象思维可以分为对想象思维的再造和对想象思维的创造。对想象思维的再造意味着主体根据经验记忆在大脑中重现客观事物的外观的过程；对想象思维的创造不仅重现现有事物，而且能创造崭新的形象。文学创作中的艺术想象力属于对想象思维的创造，是形象思维的主要形式，它存在于整个过程中。也就是说，作者根据相关的指导思想，调动自己日常的生活经验，并进行创造性加工，从而形成了具有创新力的艺术形象。

想象思维的基本元素是记忆表象。表象是人脑通过外界事物的图像存储在大脑中的信息，包括静止的、活动的画面，平面的、立体的画面，有声的、无声的画面。它是在大脑中保存下来的现实中存在的客观事物的形象。人们在读小说时，脑海中就会浮现出各种人物和场景的形象。

（二）想象思维的特征

1. 形象性

想象是通过处理现有表象来创造新形象的过程。其处理的对象是形象信息，而不是语言或符号等抽象信息。凭着想象力，人们在阅读小说时，大脑就会映射出书中人物的声音和笑容；在看平面图画时可以想象到它的立体图形是什么样的；当人们查看设备的描述时，他们似乎看到了设备的外观和结构。想象思维的形象性使其不同于逻辑思维，富有想象力的思维过程和结果是丰富多彩、生动活泼、直观亲切的。

2. 概括性

想象思维是以形象的形式表现的，它通过具有一定概括性的意向的联结与组合以意向的形式进行表达。例如，在想象地球是什么样子时，可以类比一个鸡蛋，蛋壳就是地球的外壳，蛋白相当于地幔，蛋黄相当于地核。这种想象是很有概括性的。科学家将原子结构想象为太阳系，那么太阳就是原子核，核外电子就是行星，它们绕原子核高速旋转。科学家德米特里·门捷列夫（Dmitri Mendeleev）的元素周期表是许多元素的重新排列和组合，也具有概括性。

3. 超越性

想象是对有组织的形象系统中客观现实的超前反映，它创造了新事物、新观点和新技术。创造性活动中总有想象力。人们可以自由发挥自己的想象力，它具有极高的自由度，与此同时，它是一种可以有意识地进行引导的积极主动的心理活动。想象力是创造性思维的主要品质，它可以使人们超越现有的知识和经验，发挥想象，打破事物存在的逻辑，使思维达到一个新的高度。

（三）培养想象思维的方法

想象思维的训练分为三种：再造性想象训练、创新性想象训练和幻想性想象训练。为了提高想象力，可以借助形象思维把研究对象形象化。例如，将电流想象为水流，将声音的传播想象为石头撞击水而形成的波，而将植物想象为具有大脑和思维能力的人。研究对象的形象化还可以通过阅读大量科幻小说、看科幻电影、看无声电视，想象其对话和情节以及通过欣赏优美的舞蹈作品来想象其创作的内涵等来实现。另外，还可以经常有意识地提出“假如”式的问题展开丰富的想象，在规定的时间内完成大量的想象力训练。

对一个事物的想象正确与否，必须通过实践检验，毕竟“实践出真知”。我国哲学家胡适曾在美国实用主义哲学的基础上提出了“大胆假设、小心求证”。“大胆假设”就是强调想象思维，对有待解决的问题从多角度、多方向和多侧面进行猜测和想象。“小心求证”则是对所有的解题方法、思路和设想进行仔细分析、验证，从中找出有价值的创意和方案。

四、直觉思维

（一）直觉思维的含义

直觉思维是指对一个问题未经逐步分析，仅依据内因的感知迅速地对问题答案做出判断、猜想、设想，或者在对疑难百思不得其解时，突然对问题有“灵感”和“顿悟”，甚至对未来事物的结果有“预感”“预言”等都是直觉思维。直觉思维是一种心理现象，它不仅在创造性思维活动的关键阶段起着极其重要的作用，而且是维持人类生命活动和延缓衰老的重要保证。

（二）直觉思维的特征

1. 直接性

倘若我们用最简洁的语言来表述直觉思维的最基本特征，那就是思维过程与结果的直接性。直觉思维是一种不用按照固定的思考方法，可以直接理解事物的本质或规律的思维方式。它不依赖严格的证明过程，不用把每一步的证明都详细罗列出来，而是基于对问题总体情况的总体了解，以直接和跨越的方式直接获得问题答案的思维过程。因此，许多哲学家和科学家经常将直觉与“直接的知识”放在一起讨论。

2. 突发性

利用直觉思维来获取答案的过程是很短暂的，有时答案可能稍纵即逝。人们对某个问题可能想了很久都没有得出答案，却在某个不经意间突然意识到了问题的答案，或者立刻产生了创意。例如，著名的万有引力定律，是牛顿观察到苹果在果园里掉下来时所产生的想法。

3. 非逻辑性

直觉思维不是按照通常的逻辑规则按部就班地进行的，它既不是演绎式的推理，也不是归纳式的概括。直觉思维主要依靠想象、猜测和洞察力等非逻辑因素来直接掌握事物的本质或规律。它不受形式逻辑规则的约束，经常打破固有的逻辑规则，提出一些反逻辑的创新思想，例如，爱因斯坦提出的“追光悖论”。直觉思维也可以压缩或简化现有的逻辑程序，省略中间烦琐的推理过程，并直接根据事物的本质或规律做出判断。

4. 或然性

非逻辑的直觉具有不确定性，正确与否不能十分确定。尽管具有较强直觉思维能力的科学家正确的可能性大，但他们也可能犯错误。许多科学家甚至是爱因斯坦在高度评价直觉在科学创造中的作用时，也并不认为直觉是万能灵药。他曾说：“我从直觉来回答，并不囿于实际知识，因此，大可不必相信我。”

5. 整体性

在进行直觉思维的过程中，思维主体不专注于细节的逻辑分析，而是形成事物或现象的整体的“智力图像”，并认识到事物整体的本质和规律。

（三）培养直觉思维的方法

直觉思维依赖“直接感觉”，而不依赖感知知识。人们通常会说“遵循感觉”，除了表面因素之外，其余都是直觉因素。直觉要求你仔细地体验，理解并聆听其信息和声音。当直觉出现时，你不必犹豫，更不用说压抑它了，你要顺其自然，做出判断并得出结论。直觉思维是一种需要极高层次修炼的功夫，分析商界精英的重要品质，首要的是悟性，其次才是专业能力和其他。

1. 获取广博的知识和丰富的生活经验

直觉不是无缘无故地产生的，它基于人们现有的知识和经验。因此，直觉往往会青睐知识渊博的人。从这个意义上讲，获得广博的知识和丰富的生活经验是增强直觉的基础。

2. 培养敏锐的观察力和洞察力

直觉的突出特点是它的洞察力和穿透力。因此，直觉与人们的观察力和视角密切相关。具有敏锐观察力的人，其直觉出现的概率更高，并且直抵事物本质的效果更强。因此，人们必须自觉地培养自己的观察力，尤其是要加深对不太明显的软事实的理解，例如，对印象、感觉、趋势、情绪等无形事物的观察力。

3. 真诚、客观地对待直觉

尽管直觉是基于人们现有知识和经验的“直接感觉”产生的，但直觉通常会受到客观环境的影响，并受到个人情感的干扰。尤其是后者，当一个人有某种情绪，如怀疑、抱怨、愤怒等时，直觉判断可能会失去客观性。因此，我们要真诚、客观地对待直觉，产生直觉的过程中要尽量排除各种影响和干扰，出现直觉以后，还要回过头来冷静地分析其客观性。

五、其他思维拓展

（一）逻辑思维

逻辑思维也称为抽象思维，是人们在认识活动中使用概念、判断、推理和其他思维方法，通过对事物的分析、综合、比较和概括，抽取事物的本质属性，撇开事物的具体形象和非本质属性，使认识从感性阶段转移到理性阶段的一种思维方式。逻辑思维的基本单元是概念，基本思维方法是抽象，基本表达工具是语言和符号。

在人类的认识活动中，逻辑思维起着极其重要的作用，人类在实践活动中形成的感性认识，必须通过抽象思维才能去粗取精、去伪存真、由此及彼、由表及里，达到对事物本质的认识。只有对事物的内在联系和规律的认识，即理性认识，才能真正推动人类的进步。有些人努力工作，但是他们的认识水平和工作能力长期以来并未显著提高。一个重要原因，就是他们不善于开动脑筋，不善于利用分析、综合、比较、类推、概括等抽象的心智技巧进行思维，因此也就发现不了带有因果制约性的东西，当然也实现不了创新。这就是说，要想创新，要想找出复杂问题的解决方案，就必须运用逻辑思维。

（二）形象思维

形象思维也称为直接思维，是一种以具体形象或图像作为思维内容的思维形式，属于感性认识活动。形象思维是人的一种本能思维，人一出生就会无师自通地以形象思维方式考虑问题。

形象思维具有普遍性，人人都有，人人都用。在日常的生活、学习和生产活动中，形象思维一直起着重要作用，人们认识客观世界、与人交往，首先使用的常常是形象思维。例如，在与陌生人打交道时，人们会注意到他的举止行为和音容笑貌，从而考虑如何接待与应对。

形象性是形象思维的基本特征。与抽象思维相比，形象思维具有具体性、直观性、生动性和完整性等优点。与一般的感觉和知觉相比，形象思维具有独特的概括性和创造性。

（三）收敛思维

收敛思维也称为集中思维，是指在解决问题的过程中利用现有的知识和经验，逐步将大量信息引导到条理化的逻辑程序中，从而最终获得一个合乎逻辑的规范性结论。收敛思维包括分析、综合、归纳、演绎、科学抽象等逻辑思维中的一些思维方式。

简而言之，收敛思维是以某个研究对象为中心，将众多的思路和信息汇集于这个中心点，通过筛选、比较、分析和综合，得出在现有条件下解决问题的最佳方法。收敛思维具有集中性和最佳性的特征，即收敛思维的过程是集中指向的，目标单一，就像瞄准靶心。其目标是寻求最佳，或者说，是在一定条件下最佳的。思维在这个阶段要进入实质性的实施阶段，往往与发散思维相辅相成。

收敛思维能力的高低取决于一个人的分析、比较、综合、抽象、概括、判断和推理能力。在现实生活中，人们最常使用的是集中思考。一般课堂教学的主要内容之一是训练人们的收敛思维，培养集中思考的能力。

第四章　大学生创新创业技法

近年来，在国家大力建设创新型国家的时代背景下，人们越来越关注创业与创新。大学生作为未来社会主义建设发展的储备人才，必须树立创新理念，掌握创新思维技法，提高创新能力。本章分为头脑风暴法、组合创新法、列举分析法、设问检查法、逆向转换法五部分。

第一节　头脑风暴法

头脑风暴法是一种常见的创新思维方法，在很多领域中广泛应用。它是以小团体会议的形式来提出或解决问题的，参与者可以毫无拘束地发表自己的个人观点，提出自己的创意。人们在进行思维活动时，会产生一种叠加效应。当一个人冥思苦想不得其解时，许多人坐在一起讨论，相互补充和完善，会引起思维的“共振”，以不同的思路突破各种局限，从而形成“互补效应”；当一个人提出一种想法和观点，其他人受到刺激，纷纷做出反应，提出更多的想法和观点，各种思想相互碰撞，从而形成“互激效应”。这种“互补效应”和“互激效应”使得集体智慧大于个人智慧，创新能力得到增强，这就是使用头脑风暴法的最根本目的。

由于头脑风暴法是一种集体创造性解决问题的方法，个体表达观点的自由度很容易受到参会氛围与他人权威的影响。例如，在进行头脑风暴会议的过程中，如果个人的观点受到他人质疑，就会打击个体发言的积极性，形成沉闷、尴尬的氛围，最终导致恶性循环，无法形成创新且可行的方案。然而，头脑风暴法的目的是发散思维、集思广益、触发灵感、挖掘思路，在某种程度上是允许提出看起来异想天开的想法的，并不是为了得到某个一致的结论。因此，利用头脑风暴法解决问题时还需要遵循一些原则，如自由思考、延迟评判、以量求质、综合改善等。

一、头脑风暴法的概念

头脑风暴法，顾名思义，就是头脑里的各种思维不受时间和空间的限制，进行强烈的碰撞。头脑风暴法其实源于“头脑风暴”一词，“头脑风暴”一词最早出现在精神病理学中，是描述精神病患者精神错乱的一个词语，经过演变后，目前主要是描述人的头脑里的思维不受束缚地进行强烈的思考和分析，进而产生创新的理念和观点。

头脑风暴法是从广告公司的日常工作中发明出来的。1938 年，天联（BBDO）广告公司创始人亚历克斯·奥斯本（Alex Faickney Osborn）发明了一种鼓励员工发散讨论产生更多广告创意的方法。1953 年，奥斯本在他的著作《创造性想象》中提出头脑风暴的概念。奥斯本提出的头脑风暴法受到了各国研究者的关注，头脑风暴法不仅可以应用于广告创意中，而且可以广泛应用于教育之中，成为教师组织学生展开想象、发散思维的一种方法。

二、头脑风暴法的特点

头脑风暴法的首要特点是追求创意的数量而非质量。在头脑风暴的讨论中，会围绕某一个主题进行分散思维讨论，每个人提出的想法越多越好。提出的创意不一定要切合实际，可以天马行空，也可以从多个角度提出创意，小组里每一个人的想法集合在一起，将是一个很大的数量。头脑风暴法的第二个特点是禁止批评。由于头脑风暴法追求数量的特点，我们会听到很多不现实的、难以接受的想法。在讨论中，我们不要对其他人的任何想法提出批评和评论，不要打断讨论的进程，要让每个人都畅所欲言。头脑风暴法的第三个特点是让每个人都提出独特的想法。头脑风暴法鼓励大家的想法不要循规蹈矩，而是天马行空，怎么有特点怎么来。很多时候，创意的灵感不是在循规蹈矩的思考之中获得的，而是在看似奇思异想的想法中得到的。

三、头脑风暴法的实施

头脑风暴法又称脑力激荡法，这是一种利用小组活动，大量激发与搜集创意思维的有效方法。组织可以通过头脑风暴法发掘群体中原本深藏不露或潜在的主意与点子，以保证群体决策的创造性，提高决策质量。头脑风暴法适用于以下几个方面：面对个体难以解决的疑难问题时；面对跨专业的疑难问题时；面对跨职能的疑难问题时；面对长时间无法解决的疑难问题时；面对重大或重要决策时。开好头脑风暴会并不是一件容易的事情，需要从以下九个方面入手。

（一）议题选择

议题是指需要解决的疑难问题或难以决策的事项，为议题找答案是头脑风暴会的目的。议题的选择应注意以下几点。

①从平日悬而未决的问题着手。议题必须与参与者的层次和关心程度相匹配，以参与者一直期待解决的问题为最佳。

②有些议题比较复杂，讨论时无从下手或容易泛泛而谈，因此应将一个复杂议题拆解为若干个小主题，使参与者能够聚焦。

③议题的内涵应该明确，不能模棱两可、似是而非。

（二）人员选择

头脑风暴会的参与者应选择熟悉流程的专业人员，包括利益相关者，议题所涉及的头脑风暴法作业指南、部门、职能、层级均应有代表参加。人数可根据需要而定，一般为 5 ～ 11 人比较适宜。人数过少，不能充分覆盖不同部门、职能、层级思考的角度；与会人数过多，容易因杂生乱。

（三）会议时间

头脑风暴会的时间不宜过长，一个小主题的讨论时间为 20 ～ 60 分钟最佳，一个议题可拆分为多个小主题进行讨论。

（四）人员角色

1. 引导员

引导员负责引导、激发、鼓励参与者思考并发表意见，控制现场节奏与氛围，营造自由奔放、相互尊重、相互启发的氛围，并将参与者的观点转化为机会点。

2. 主持人

主持人负责召集、主持会议，围绕主题鼓励参与者发言。主持人应注意以下事项。

①严禁批评或评价他人意见。

②追求数量，意见越多越好。

③保证参与者能够看到所有人的意见，可以在白板上写下所有意见，并借此激发大家提出更多新点子。

④激发参与者提出各种奇思妙想。

⑤取长补短，鼓励参与者对他人已提出的设想进行补充或进一步发散。

⑥在参与者发言气氛相当热烈时，可能会出现许多违背会议原则的现象，如起哄或嘲笑别人的想法、公开评论他人的点子等情况，此时主持人应当立即制止。

⑦主持人应带领与会人员围绕会议议题，每次只讨论一个方面。这是平行思考，有利于提高会议效率。一些参与者会时不时偏离主题，主持人应礼貌地将其发言拉回主题。为避免参与者疲劳而产生厌倦情绪，主持人应控制好时间。会议结束时，主持人应表示感谢并鼓励大家。

3. 记录员

记录员负责将大家的点子忠实地记录下来。记录员应注意以下事项。

①记录员应依照发言顺序编号记录点子内容，在发言者的含糊不清时，可向发言者确认，如发言内容过长仅记录要点即可。记录要字迹清，版面整洁。

②记录员应严格忠于发言者的内容记录，避免遗漏、误解、擅自诠释。

③记录员应注意记录的分类整理。为了不约束发言者的思维，记录员在记录时不要分类，可在会议结束后对记录进行分类整理，必要时可与具备专业知识的专家组从可行性、紧急性、应用效果、投资回报率等多个角度进行筛选，以选择最恰当的点子。

由于通过头脑风暴法产生的点子大部分都只是一种提示，极少可以直接解决问题，因此，整理、补充和完善工作尤为重要。优秀的管理者可以既是主持人，又是引导员。当这两种角色合二为一时，会议效率会更高。头脑风暴会导入初期，外聘顾问师担任引导员是非常必要的。

（五）场地与器材准备

1. 会议场所

应选择独立的会议室，避免干扰。

2. 会议器材

白板、投影仪等。

3. 会场布置

为保证全体人员都能看到白板或投影上的发言记录，座位安排应以“凹”字形为佳。

（六）会议原则

①禁止评论他人点子的好坏。

②天马行空的想象最受欢迎。

③重数量不重质量，为了激发灵感，可以提出任何想法。

④鼓励利用他人的点子加以想象、变化、组合等，以激发更多、更新的灵感。

⑤会前集体上交手机，不准参与者私下交流，以免分神或打断别人的思考。

（七）会议流程

根据不同的议题制定适合的会议流程。头脑风暴会通常以小组活动的方式进行，一次会议可以是一个议题或多个小议题，小组活动则根据需要多次进行。

1. 活动前报告

主持人可以请问题主人提前准备一份专题报告来介绍需要解决的问题。问题主人报告时应选择白帽思维，尽可能呈现事实，辅助实物样品、数据等呈现议题内容，不要对议题内容进行分析、评价，避免形成先入为主的情形，影响参与者思维的发散。

2. 项目

根据议题进行第一轮“发散—聚焦”闭环，确定关键主题项目。

3. 目标 / 对标

目标需要拆解成目标清单，盘点现状，将现状与目标进行对标分析，输出问题点清单。

4. 问题点

对问题点清单进行层别归类归纳，输出关键问题点。

5. 改善对策

针对关键问题点，逐个进行原因分析，进行又一轮“发散—聚焦”闭环，输出改善对策。

6. 优先措施排序 ABC

对这些改善对策进行排序，输出优先措施排序 ABC。

7. 归纳分类

将行动措施拆解成子行动和实施步骤，再进行归纳分类，制定甘特图，便于统筹策划，分步实施，协同推进。

8. 改善措施与问题点 / 评判

将改善措施与前面识别的问题点进行对照检查、评判，“效果达到预期 Yes”或者“措施经实施验证为证实”，转入下一步；“效果没有达到预期 No”或者“措施经实施验证为证伪”，则回到改善对策这一步，重新检讨改善对策。

9. 改善总结 / 改善专案

对取得预期效果的专项措施进行改善总结，以 PPT 的形式输出改善专案。总结的过程是一个复盘的过程，是团队提升的增值过程。同时，PPT 作为知识加以沉淀、累积，便于内部学习、复制推广。

10. 达成目标

尽可能召集更多的参与者，在会上分享改善专案 PPT，评委评价达成目标的程度，以及专案的创新性、难易程度、可复制性、有形价值和无形价值等，给予改善团队奖励，奖励重形式轻物质，从而激发团队改善热情。

11. 结案

将改善过程和总结输出内容整理成标准文件存档，并在组织内部复制推广。

（八）实施要点

1. 相互激发

为了让参与者相互激励，引发灵感的连锁反应，应督促参与者在规定时间内（通常为 5 分钟）将自己的灵感写下来，并要求他们在各自发言前将内容整理清楚，以便记录员记录在白板上，可以让他人产生更多联想。

2. 发言顺序

当需要不同层级的人员参会时，主持人应注意发言顺序，安排低职级的人员先发言、高职级的人员后发言。因为高职级的人员（无论是技术职级还是管理职级）先发言时，会习惯性带上结论性与专业性意见，其权威会无意识地压制低职级的人员。低职级的人员先发言，一方面可以使他们更放得开，另一方面他们会陈述一些管理层往往没有注意到的细节，这些细节对分析问题十分有利。

3. 发散与聚焦有序进行

发散时，参与者发言应自由奔放，多多益善；聚焦时，主持人应组织大家先澄清，再归类、概括、抽象。发散时，不可澄清与质疑，否则背离自由奔放的原则；聚焦时，组合采用层别法、流程图和逻辑树进行归类与概括总结。发散与聚焦是一个有序的过程，通过如下案例来演绎这一过程。

案例：依设定目标，对照现状找问题及改善措施。

第一步：对标。对比现状和目标。

第二步：发散。头脑风暴过程中将流程图与逻辑树组合使用。

情形一：流程型主题，将流程步骤确定下来，头脑风暴找问题。

情形二：非流程型主题，用逻辑树拆解，通过头脑风暴找到解决方法。将复杂问题拆解成元问题，即初始问题。复杂问题是一个概念，元问题可以直接采取纠正措施，拆解才是关键。

第三步：通过头脑风暴在流程或树形分解中找出具体问题点，通过“发散—聚焦”的闭环，输出问题清单。

第四步：针对问题点，再“发散—聚焦”，完成又一个闭环，输出改善建议。再发散。充分发散收集到的点子，再投票筛选。再聚焦。对点子进行归类汇总，并形成行动要点。

第五步：归纳总结。检讨改善方案能否解决全部问题，如不能，则根据需要再进行头脑风暴会，找新方案。

第六步：确定改善执行优先顺序，输出行动清单。

第七步：将行动清单制成甘特图。

（九）管理工具与方法

在进行头脑风暴会的过程中会用到一些管理工具与方法，在此罗列清单如下：层别法、过程方法与流程图、系统方法、逻辑树、5WHY 分析法、小组活动、垂直思考、水平思考、麦肯锡思维。头脑风暴法从初学到领悟，再到习惯性应用，需要较长的过程。这是管理逻辑的重要组成部分。

四、头脑风暴法在教学中的应用

在头脑风暴的讨论中，其他人的想法也会拓展你的思考范围，可以在讨论中将其他人的想法和自己的想法结合起来，从而起到融合的效果。这样，我们收集到的想法就不再是简单的堆叠，而是新的创想，达到 1+1 ＞ 2 的效果。

在课堂中，教师组织学生利用头脑风暴法的方法如下。

开始头脑风暴讨论之前，教师要营造富有创造力的氛围。教师可以用一两个小游戏作为活动前的热身，为学生提供一个发挥创意的机会。笔者设计的热身游戏流程如下。

每个学生准备一张创意学习单，学习单上印着 20 个大小相等、等距排列的正圆形（教师也可以用 PPT 在屏幕上投影出学习单，学生自行绘制），要求学生在 5 分钟内依据正圆形画出尽可能多的东西。

一开始，学生会很容易想到足球、碟子等生活中常见的圆形物体。很快，学生就会发现自己能想到的圆形的东西并没有那么多。于是，学生可以在小组内交流尝试更多可能的圆形事物，思想逐步突破圆形图案的边界。有的学生会在圆的周围画上花，画成花环；有的学生会把两个相邻的圆形连接起来，画成 1 副眼镜。通过短暂的交流，学生会发现一开始活动时，思想会被圆形的边框所限制，一旦突破了边框，创意马上又丰富了起来。这个小小的创意热身活动也在提醒学生，在进行头脑风暴时，不要被自己的思维定式限制住，跳出条条框框，就会发现原来有不一样的结果。

完成热身活动之后，正式进入头脑风暴活动。教师将学生分为 4 ～ 6 人一组，每个小组所需的材料很简单，只需要若干马克笔和便笺纸。马克笔最好能有多种颜色，便笺纸的数量最好是学生人数的 10 倍以上，充足的便笺纸可以让学生的思维不会被打断。有条件的话，还可以给每个小组准备一个小白板，让他们把想法展示在白板上。

教师申明头脑风暴活动的规则：头脑风暴的思维没有禁区，所有想法都是合理的；进行头脑风暴时我们不能评价、比较和批评别人的想法，只要不重复，就可以记录下来；进行头脑风暴时，尽可能多地把想法写到便笺纸上，每个便笺纸只记录 1 个想法。

接下来，教师就可以开始头脑风暴主题的陈述了。主题讨论范围不宜过窄，而且要有一定的开放性。以科技学堂的创客制作“贝壳小夜灯”为例，教师可以将头脑风暴的主题设为“贝壳小夜灯让你联想到了什么？”。也许学生在一开始会不理解主题，教师可以用提问的方式引导学生做进一步思考，例如：贝壳小夜灯的原理在什么地方还可以被应用呢？贝壳小夜灯可以应用于哪些场合？

当然，教师还要提醒学生这个主题并不只是以上 2 个示意的问题，还可以对自己提出更多的问题，帮助发散思考。

接下来，学生开始分组进行头脑风暴讨论。教师让他们把想法写在便笺纸上，完成 1 个想法的书写后，就把便笺纸放到桌子的中间，让小组的每个人都可以看到。在活动过程中，教师还可以鼓励学生边写边交流，创造出更多不一样的想法。活动时长以 5 ～ 10 分钟为宜，时间太短可能无法让学生完全进入创意思考的状态，时间太长容易让学生感到疲惫。在头脑风暴阶段，教师在各组间巡视，对于产生想法比较少的小组，可以给他们一些具体目标鼓励，如鼓励他们完成30条想法搜集的小目标等。在巡视过程中，教师不要参与到学生讨论的具体内容中，否则学生可能会误解为教师偏好某一方向上的内容，从而约束了他们的想法。

有的学生从贝壳小夜灯想到了海边的海螺，想到了天黑了挂在天上的星星和月亮，想到了贝壳小夜灯运用了光敏传感器……只要是能想到的，不管是哪方面的内容都可以写在纸上。

完成了头脑风暴讨论后，就进入归纳总结的环节。在这个环节，教师可以准备一块展示板，将每个组的便笺纸都贴到展板上。教师还可以根据想法产生的内容，把想法分成不同的类别。例如，场景类的想法有天黑了、天亮了、海边、夜晚，代表着学生认为贝壳小夜灯可以应用的场景。如果没有合适的展示板，教师也可以让学生上台发言，把本组收集到的想法给大家展示一遍。在分类环节，教师可以将各个小组中有相同想法的便笺纸贴在一起，归结成一个想法。

在归纳总结阶段，教师要注意贯彻头脑风暴中不评价、不比较的原则，即使有些想法非常矛盾，有些想法很有戏剧性，教师和学生也要克制住评价的冲动，毕竟有时富有创造力的想法就是从这些看似不靠谱的初步设想中慢慢演变而来的。

完成了头脑风暴活动后，各个小组可以把全班搜集到的想法记录在白板或纸张上，然后就可以开始创意规划实施环节了。在这个环节中，学生需要一一审视搜集到的想法，找出哪些想法可行性较高，哪些想法可以进一步改进，哪些想法可以联系起来……这样就能构成每个小组下一步要制作的作品了。

在没有进行头脑风暴讨论之前，学生根据贝壳小夜灯可能只会设计出海螺小夜灯、月亮小夜灯；进行头脑风暴讨论后，学生发现通过对贝壳小夜灯的外观和场景稍做改进后，就可以做一个录音室的指示灯，把它贴在录音室的门上，当有人在录音室工作时把它打开，这样外边的人就会知道录音室中有人正在工作，避免录音工作被打扰。

头脑风暴法提供了一种更加自由的学习方式。教师的作用主要体现在头脑风暴前的准备工作以及头脑风暴结束后的总结完善工作中。在头脑风暴法中，学生的主体作用得到了最大限度的发挥，教师不予干涉，学生得到了前所未有的言论和活动自由。头脑风暴法不仅鼓励学生发言，而且允许学生“天马行空”，大胆假设提出一些看似荒唐、古怪的观点，并且没有人会对你的想法“说三道四”。

这样的沟通交流方式能最大限度地激发学生的想象力，提高学生学习的兴趣。所以说，这是一种更加自由的学习方式。建构主义认为，知识建构的主体是学习者本身。建构主义的学习不是教师把知识简单地传递给学生，而是学生自己建构知识的过程。学生不是简单被动地接收信息，而是主动地建构知识的意义，这种建构是别人所无法替代的。教师不能把知识作为预先决定了的东西交给学生，不要用自身对正确性的强调作为让学生接受它的理由，不能用专家、教师、课本的权威来压服学生，学生对知识的“接受”只能靠他自己的建构来完成，以他们自己的经验、信念为背景来分析知识的合理性。在教学中实施头脑风暴法，让全班学生就某个主题或问题畅所欲言，不同的学生基于自己独特的经验背景从不同的角度阐释问题，不存在唯一标准的理解，学生与学生之间的协作可以使他们对问题的理解更加丰富和全面，从而使学生对本次课的知识掌握得更为透彻。

第二节　组合创新法

一、组合创新法的定义

组合创新法是将两个或两个以上不同种类的产品或零部件，通过先进的技术巧妙地组合到一起，形成一种全新种类的产品的创造方法。在现实生活中，我们经常能看到以这种方式组合而成的产品，比如，每个家庭都用的电视机和洗衣机，交通工具火车和飞机，越是复杂的产品，越需要先进的技术把很多部分的产品整合到一起。

组合创新法并不是说简单地把两个或多个不同种类的产品组合到一起，而是要分析各个产品的特点和优点，截取每个产品的优点，然后通过先进的技术把它们组合到一起，创造出一个全新的、性能更优的产品。

二、组合创新法的特点

对产品进行组合创新并不意味着将不同产品的结构、技术、外观元素相叠加，而是将产品中这些独立的要素通过一定的组合创新方法结合在一起，构成具有特定功能并相互关联的整体。由此可知，组合创新具有以下特点。

①在产品的组合过程中一定有创新设计。在进行产品组合设计时，通过几种构成要素的结合并加入创新想法，才能设计出新产品。

②组合创新设计就是除旧布新。组合创新的实质是在采用目前技术和设备的基础上加入一些创新想法后形成一种新产品的设计。

③组合创新在功能上是 $1+1 \geqslant 2$，在结构上是 $1+1 \leqslant 2$。经组合创新而形成的新产品在功能上要优于组合前产品个体的功能之和，但在产品结构上应该小于个体结构之和。

④组合创新设计具有相互推动的作用。一种技术的广泛应用将会渗透到设计的各个领域，形成各种组合创新设计，推动组合创新设计的进步和发展。

三、组合创新法的分类

（一）根据组合的形式划分

根据组合形式的差异，组合创新法分成内部、外部两种组合法。其中，每一种又能细分成自身组合创新法、同类组合创新法以及非同类组合创新法。

（二）根据构成组合的各种要素划分

可以将组合创新法分成以下六种类型。

1. 技术组合创新法

将若干个产品在技术方面的因素组合起来形成一种新技术，产生一种新产品。

2. 功能组合创新法

将若干种产品的功能组合起来成为一种拥有新功能或多功能的产品。

3. 材料组合创新法

将若干种产品材料通过一定的制作工艺形成一种优质的新材料，这种新材料优于组合前的各种材料。

4. 结构组合创新法

将构成产品的多个基本构件组合而成的产品，如组合书架等。

5. 多种组合创新法

由以上四种组合创新法中两种及两种以上共同作用而产生新的产品。

6. 综合组合创新法

包括各种原理、方法在内的，具有大的技术跨度的综合性组合方式。

（三）根据参与组合的组合因子性质、主次及组合方式划分

可以将组合创新法分成以下四种类型：主体附加法、异类组合法、同类组合法、分解组合法。

1. 主体附加法

主体附加法是指在原产品的基础上增加新的内容，使主体具有新的属性或性能的方法，是否具有新的使用价值是判定这种方法是否具有创新性的重要标准。这种创新方法是比较简单的，人们不需要费很大的脑力就能达到目的，只要能选择合适的产品，一般就能提高产品的使用性能。在日常生活中，我们经常能看到这种类型的产品，比如，带橡皮头的铅笔、带刷舌苔部分的牙刷、多头组合充电线、带定时器的电风扇和空调、带哨子的烧水壶等。这些产品都是在增加了一部分内容后，又具有了更多的使用价值。

主体附加法的运用过程分以下三个步骤：第一，选择一个有潜在使用价值的主体；第二，详细分析这个主体目前的使用性能，提出想要达到的新功能，找出其存在的缺点，想出怎么才能在不很大程度地改变主体构造的情况下，增加新的内容来弥补其存在的缺点，从而实现新的功能；第三，分析主体具备的某种使用功能，看能否添加一些内容来发挥其作用。

2. 异类组合法

异类组合法也被称为异物组合法，是指将两种或两种以上的不同种类的产品经过复杂的组合，创造出具有新功能的新事物的技术方法。这种方法是将每种产品的各种特点都组合到一起进行考虑，从整体上分析这些产品之间存在的联系，然后利用创新技术把这些产品的相关点整合到一起，形成一种具有新功能的新事物。异类组合法不同于主体附加法，主体附加法是一种比较简单的组合创造方法，而异类组合法是一种复杂的组合创造法，它是把不同种类产品的特点有机地组合到一起，形成一种新的产品，其组合的对象来自不同的种类，也无主次之分，只是各自具有的特点和功能互相影响、互相融合。从创新角度来讲，异类组合法的创新性高于主体附加法。

异类组合法实施的重点包括以下两个方面。

①确定好组合的元素。异类组合法中的各个组成元素一般并无主次之分，但是在选择各个元素时应该有先后和主次之分，需要确定好基本元素和扩展元素。

②设计好组合方案。把不同的物体巧妙地组合到一起，不是一件容易的事情。因此，在设计组合方案时，人们只有最大限度地发挥创造性思维，才能创造出受消费者欢迎的好产品。

3. 同类组合法

同类组合法也被称为同类自组法，指的是将两种或两种以上的同类或相似事物叠加到一起的方法。参与组合的事物经过叠加后，本质和结构一般不会发生变化，而是使组合事物的功能变得更加强大。在生活中，我们经常可以看到以这种方法组合而成的产品，比如，衣服上的双向拉锁、双排订书机、多层餐盒、双层文具盒、上下床铺等。

4. 分解组合法

分解组合法是指先把整个事物分解成多个部分，再把分解出来的各个部分进行改造升级，变成一种新的事物的方法。分解组合法的目的是改变每个事物各个部分之间的使用关系，从而优化事物的使用性能。例如，在生活中常见的多用螺丝刀就是普通螺丝刀通过这种方法创造的。螺丝钉的形状有很多，为了使螺丝刀的功能更全面，遇到不同的螺丝钉时都能有合适的螺丝头，人们通过分解的方式把刀把和刀头分开，分别做了改造后发明了多用螺丝刀。

分解组合有两种情况：一种是把某个事物分解成多个部分，再将这些部分重新组合构成一个整体，这个新的整体事物具有了新的功能，这属于分解但不分立的创新；另一种是把某个事物分解成多个部分，这些部分又各自成为独立的新的事物，这属于既分解又分立的创新。

第三节　列举分析法

一、列举分析法的定义

列举分析是人们思维活跃的体现方式。对于熟悉常见的事物，列举其具有的各种特点，然后把这些特点排列到一起进行分析，产生新的概念，再将这些新的概念与旧的概念放在一起分析，又会归纳出更一般的概念。一般情况下，人们不会对熟悉的事物进行深入的观察分析，所以就往往忽略了其内在的特性，没有更深入地了解它。列举分析法要求人们对生活中经常出现的非常熟悉的事物进行仔细深入的分析，列举出它的优缺点，从中发现内在的规律，想出一种解决和改进的方法。这种方法可以帮助人们发现事物内在的独特之处，抓住创新改进的方向，找出一个新的创造途径。

二、列举分析法的分类

列举分析法主要分为特性列举法、缺点列举法、希望点列举法。

（一）特性列举法

1. 基本原理

特性列举法是指通过对旧事物的属性进行重新观察和分析，列举出旧事物具备的各种优点和缺点，然后结合想要达到的使用目的，想出改良方案的一种创新方法。具体来说，如果要解决的问题越简单，利用特性列举法就越容易实现这个目的。特性列举法适用的范围和行业很广，可以适用于创新产品的改革，也可以适用于各种机构或公司中工作方法和效率的改进。所以说，个人和团体在生活和工作中都能使用特性列举法，这种方法的作用很大。

2. 实施步骤

①将研究对象的特点和属性一一列举出来，做成一个表格。对于比较复杂的研究对象，我们可以先把它分解成多个部分，然后从中选择一个特点显著的部分进行探讨分析。

②从以下三个方面的属性进行列举。

第一，名词属性——整体、部分、材料、制造方法。

第二，形容词属性——颜色、形状、感觉、性质、状态。

第三，动词属性——功能、作用。

③在充分地了解事物的属性后，寻找其他各种材质的事物，替换旧属性，然后进行多次试验，最终找出最佳的改造方案。进行这一步的关键前提是要充分地了解事物的每一个属性，这样才能发现问题，知道应从哪些方面下手去寻找可替代的事物。

④根据发现的问题，提出新的解决方法，然后对新的解决方法进行仔细推敲试验，最终找到一个合适的方案，确保改进后的产品符合人们的需要。

（二）缺点列举法

1. 基本原理

俗话说，“金无足赤，人无完人”。完美的产品是不存在的，都会有一些或大或小的缺点。对于缺点，我们不能逃避或忽视它，应该勇敢面对和分析这些缺点，结合创新的科学技术，从而改进事物原有的功能，创造出更多新的产品。缺点列举法是一种列举分析型的创新思维，是将某个事物的所有缺点一一列举出来，然后对每个缺点进行分析，找出改革创新的切入点，最终获得新的使用功能的创造技法。在日常生活中，对于身边经常使用的生活用品，人们应该多花时间去查找和发现这些事物的缺点，把它们全部列举出来，分析这些缺点，再结合想要达到的目的，进行有目的的改造创新，最终找到一个解决问题的最优方案。

缺点列举法是一种被动型的方法，它在改造的过程中并没有改变事物本身的特性，主要是对事物存在的缺点进行弥补和改进。它的特点是从生活需要的实用功能、外表美观、经济实用等角度出发，分析事物的缺点，提出改造创新的方法。这种方法的应用范围十分广泛，可以用于产品上，也可以用于企业管理制度上。例如，一些老旧产品的改造升级、一些功能尚未成熟的新产品的完善、一些企业管理制度的完善等。这种方法的最终目的不是消除事物的缺点，而是想出一个创新的方法，巧妙地利用这些事物的缺点，最终把缺点转变成优点，变短为长，达到改造创新的目的。

2. 实施步骤

①征集每个人的想法，尽可能全面地将某个事物的缺点列举出来。

②根据属性，将缺点进行分类。

③仔细分析所列举出来的缺点，思考如何把缺点转变成优点，变短为长，也可以多和身边的人进行探讨，整理大家的意见，集思广益，最终找到一个具有创造性的方案。

在运用缺点列举法进行创造发明时，一般可以采用以下三种方法。

一是会议法。组织一次缺点列举会议，与会人员在 5 ～ 10 人，组织者先列出需要进行创新改造的事物名称和改造后想要获取的功能，然后让与会人员围绕这个事物分别列举出各自发现的缺点，不要有所隐瞒，越多越好。再请一个人负责做会议记录，把每个人提出的缺点分别记录在一张卡片上，并标上对应的号码，最后以计票的形式对每个缺点进行统计，找到最大的缺点，然后针对这些缺点提出具有方向性的解决方案。会议时间不宜太长，一般 1 ～ 2 小时为宜，会议的主题也不宜太大。

二是用户调查法。市场是检验产品质量最好的地方。在对有缺点的产品进行改造前，企业应该利用缺点列举法，多跟消费者进行沟通，做好市场调查和售后服务工作，通过这种方式获取更多的市场反馈意见，征集产品的缺点。以这种方式获取的意见更有价值。消费者是产品最直接的使用者，也是最有发言权的使用者，他们的意见在这个产品的创新过程中具有十分重要的参考价值。

三是对照比较法。把同类型的产品放到一起，从各个方面进行对照比较，在比较中找到产品各自存在的缺点，互相学习，共同进步。

3. 注意事项

①对于缺点列举法中的缺点，我们要有一个正确的认识。这些缺点并不是无可挽回的缺陷，只要稍加改造，就会改变它的缺陷。

②人们不能脱离缺点列举法的事物基础进行改造创新。缺点列举法是在事物原有基础上进行的改造创新，所以在采用这种方法前，人们需要对这个事物的基础情况掌握得清清楚楚。

运用缺点列举法对事物的缺点进行分析，是为了更全面地掌握事物的现有属性，只有准确地了解了事物的缺点，人们才能确定改造的方向，才能准确地找到改进的切入点，这样也能在创新过程中占据一定的优势。

（三）希望点列举法

1. 基本原理

希望点列举法是针对某一事物，列举出人们希望它具有的功能，然后通过创新的思维创造出这些功能的方法。希望点列举法与缺点列举法的原理不一样。希望点列举法是从使用者的角度提出各种新的希望，它不受原有事物的约束，可以发挥无限大的想象空间，是一种积极主动的创造技法。例如，有些人提出一个这样的设想：希望能发明一种“定时安眠药”，当人们感到劳累时，可以暂时地休息一会儿，缓解疲劳，当身体缓和过来后，就能定时醒来，继续手里的工作，而且即使长时间服用这个药，也不会对身体产生不好的影响。在日常生活中，希望点列举法主要被用来开发新产品，多用于创新行业中。

2. 实施方法

与缺点列举法一样，希望点列举法的实施方法也是多种多样的，一般有以下三种方法。

①书面搜集法。首先设定一个希望的目标，打印出来发给本单位的员工，让他们发表自己的想法和意见。

②会议法。召开 5 ～ 10 人参加的小型会议，时间为 1 ～ 2 小时，由主持人就革新项目或产品开发征集意见，激励与会者开动脑筋，互相启发，畅所欲言。

③访问谈话法。派人直接走访用户或商店等，倾听各类具有希望性的建议与设想，对由以上方法搜集到的各种意见和希望进行分析研究，制订可行方案。具体程序如下：一是对现有的某个事物提出希望，这时的希望一般来自两个方面，或是事物本身存在不足，希望改进，或是人们的需求变更，有新的要求。二是评价所产生的希望，找出可行的设想。三是对可行性希望进行具体研究，并制订方案、实施创造。

第四节　设问检查法

一、设问检查法的定义

设问检查法是一种非常有创造性的思维逻辑方法，当我们做一个项目遇到困难时就可以使用设问检查法，可以根据自己的问题从多个方面进行思考设问，然后进行组合找出正确的答案，这个方法适合各种各样的项目。

在现实生活中，人们通常围绕着怎么解决这个问题而展开活动，这是大多数人的思维模式，如《十万个为什么》中的每个问题都需要人们想象、思考答案，或许答案不是唯一的，是没有固定答案的，人们不能局限在一种思维框架内，我们要提出大胆的假设，要寻找更多的可能性，运用创新性思维解决问题，只有这样才能推动科学技术的进步，进而改变世界。设问检查法就是对提出的问题进行创造性的提问，抓住问题的本质，把范围缩到最小，从而得出创新性答案。

总体来看，设问检查法实际上是给人们提供了一个提问的方法，教人们怎么进行有效的提问，在提问的过程中经常使用假设性词汇，让人们置身于想象之中，一个假设不能成立，就从另一方面提出假设，这种方法极大地激发了人们的发散思维，开发了人们的大脑。

二、设问检查法的特点

设问检查法旨在对人们提出的问题进行分析、探索，最终确定问题的根源、性质和范围，用最短的时间划定要找答案的范围和方向，这样可以使问题更具体化，更容易找到解决的办法。

（一）以提问的方式寻找发明的途径

设问检查法最主要的特点就是涉及的范围很广，具有普遍性特点，不仅体现在产品的开发和创新上，还体现在业务管理方面，例如，5W2H 分析法，是从时间到空间的维度，根据事物的主体、客体，分析问题发生的本质原因、成本多少、程度大小等因素。我们在分析问题的时候，有时不能按照常规方法去分析，要从根本上找到问题的症结所在，只有这样我们才能从根本上解决问题。

（二）运用横向思维方法找到问题答案

人们的思维分为横向思维和纵向思维，当人们遇到困境时一般运用纵向思维解决问题，很少运用横向思维解决问题。纵向思维是人们沿着一条核心线索，不断地寻找答案，直到解决问题为止；横向思维是人们不经常使用的，多多少少会有点陌生感，它是从多个方向去看待问题、发现问题，突破限制思维的条条框框，让没可能变成可能，可以增强人们的想象力，拓宽人们的眼界，奥斯本检核表法就是横向思维方法。横向思维方法更能从本质上解决问题，看待问题更彻底一些。

三、常用的设问检查法

（一）5W2H 分析法

5W2H 分析法又叫七何分析法，是第二次世界大战中美国陆军兵器修理部首创的。因为此种方法非常简单、大多数人都能理解，而且能启发人们的思想，所以被广泛应用于技术创新和企业管理方面，一经使用便取得了很大的成效，还能弥补考虑问题的不足。

1. 具体内容

发明者以 7 个英语单词来提问，其中有 5 个 W 开头的单词和 2 个以 H 开头的单词，旨在发现问题、提出问题、找到解决问题的思路，再进行思路设计，进而衍生出创新型的发明，这种方法被称为 5W2H 分析法。主要内容有以下几点。

①为什么（Why）？

②做什么用（What）？

③谁来使用（Who）？

④何时被使用（When）？

⑤被用于何处（Where）？

⑥起什么作用（How）？

⑦需要多少成本（How much）？

2. 重要性

5W2H 分析法的核心要素就是要根据问题提出假设性可能。大家都知道，一些伟大的科学家都是通过提出创造性提问，寻找问题答案，经过无数次的失败才获得伟大成果的，这是来之不易的成功，需要非常大的毅力。在现实生活中，问的问题越刁钻，想象的空间越大，越善于提问的人，他们的创造力就越高。我们可以结合 5W2H 分析法的核心框架，总结问题的本质原因，向更高的设问方向过渡，总体来说，5W2H 分析法对人们来说是非常有利的。

5W2H 分析法的重要性在发明设计创造中被体现得淋漓尽致，如果一个人做与发明创造相关的工作，那就需要随时提出问题，发挥创造力、想象力去解决问题。假设这个人不经常提问，也表明他不适合做与发明创造相关的工作，造成这种现象的原因有：提问多了不好意思，怕被别人说事多，太在乎别人的看法，也怕别人烦自己；随着年龄的增大，内心深处对提问已经没什么欲望了，渐渐丧失了对提问的兴趣，好像是达到了“无欲无求”的状态。这恰恰阻碍了人的探索欲，也阻挡了人的好奇心。

（二）奥斯本检核表法

奥斯本检核表法是指以该技法的发明者奥斯本命名、引导主体在创造过程中对照九个方面（能否他用、能否借用、能否改变、能否扩大、能否缩小、能否代用、能否调整、能否颠倒、能否组合）的问题进行思考，以便启迪思路，开拓思维想象的空间，促进人们产生新设想、新方案的方法。

1. 实施步骤

①首先我们要清楚地知道亟须解决的问题是什么，找准方向很重要。

②选取要解决的问题，发挥脑洞大开的想象力，认真核对每一个问题，针对问题写出新的创意。

③对提出来的新创意进行甄选，选择最有价值和最具创新能力的想法。

2. 注意事项

①在检核过程中结合实际情况，每一条都要检查到位，千万不要遗漏掉。

②重复以上操作，多检查几遍，这样做是为保证万无一失，而且效果会非常好，选出来的数据会更准确。

③在检查数据的同时要最大限度地发挥自己的想象力，多想出一些富有创造性的创意，要给自己定个目标，运用发散性思维把大类问题集中到一起进行讨论。

④检查方式可以根据团队的需要自行安排，看哪种方式最能保证效率就用哪种方式，团队成员可以互相鼓励，想出新的创意。

3. 检核项目

检核项目分为以下九种。

①能否他用：一种想法能否在其他的事物中得到验证。这种想法通过多次实验验证可用的话，会极大地转变人们的思想，拓宽人们的思路。

②能否借用：当前的研究项目可以借鉴别的经验吗？别的创新性想法可以借鉴当前项目的研究成果吗？之前有过这样的案例吗？

③能否改变：对于生活中的事物，可以改变它们吗？比如花朵的颜色、人们说话的声音、果树的品种等，改变之后又会变成什么样呢？是不是和之前有很大差别呢？

④能否扩大：现有的事物能否扩大应用范围？能否增加使用功能？能否添加零部件？高度、强度、寿命、价值能否提高或增加？例如，天文望远镜、情侣伞、双层汽车等产品，就是因为在原有产品的基础上加长、加宽、加高而受到青睐的。有一个真实的案例，日本人非常喜欢吃西红柿酱，有购买欲望就会有市场，有市场就会企业，为了争夺市场，日本的企业展开了激烈的竞争，其中有几个企业做得比较好，最有代表性的是森永株式会社。它之所以能做得这么好，是因为它把西红柿酱瓶的瓶口做大了，之前日本企业生产的西红柿酱瓶都是小瓶口，必须用力摇、晃、倒，但还是会有很多西红柿酱残留在瓶内，吃得太费力气了，而把瓶口做大，人们用勺子就可以轻而易举地将西红柿酱舀出来，这种设计理念恰好体现了扩大使用功能这个想法。

⑤能否缩小：现有的事物能否减少、缩小或者省略某些东西？能否浓缩化？能否微型化？能否短一点？能否轻一点？能否压缩、分割、简略？在保留功能、强化性能的基础上实现产品小型化或者微型化是当今科技发展的潮流，如掌上电脑、折叠伞、沙发床、折叠椅、明信片、隐形眼镜等。

⑥能否代用：现有的事物能否用其他的材料、组件、原理、方法、结构、工艺、动力和设备代替？例如，用塑料代替木头、钢材、砖瓦等。

⑦能否调整：现有的事物能否调整已知布局？能否调整既定程序？能否调整日程计划？能否调整规格型号？能否调整因果关系？

⑧能否颠倒：现有的事物可以反方向考虑问题吗？位置、作用等可以调换吗？

⑨能否组合：对于现有的方案、功能、材料、形状、原理、事物都能组合吗？根据理论而言，是可以组合的，因为物质都是由粒子组成的，多么大的数值都是由阿拉伯数字组成的，多好听的音乐都是由七个音符组成的，多么伟大的英文文学作品都是由二十六个英文字母组成的，还有人类的想象都是由世界上的物质、时间、空间自由组合的结果。

事实上，很多企业已经在管理中熟练运用奥斯本检核表法，不仅提高了企业的管理水平和企业竞争力，而且给企业创造了价值和附加值，使企业在行业中脱颖而出，增强了企业的影响力。

企业发展的关键是产品的竞争力，同时企业都非常重视新产品的开发与创新。新产品研制成功，企业才能更好地拓宽市场，赢得消费者的信赖；新产品研制失败，不能说企业从此以后一蹶不振，但多少也会大伤元气，所以许多企业都会运用奥斯本检核表法制定相关的训练内容。

第五节　逆向转换法

一、逆向转换法的定义

世界上所有的事物都有两个极端，就像一件事能够产生好的影响和坏的影响一样，但这两方面的影响既对立又相互依存，谁也不能脱离谁而存在，犹如一个太极图。我们都生活在这个世界上，一句话、一个举动或许就能产生影响，谁也不能忽视自己与其他人的联系，所以我们看问题时要转换一下思维，学着慢慢从反面看待事物，或许能得出一些有创造性的结论。这种从反面看待问题的方法叫逆向转换法，也叫逆向头脑风暴法，它是指从反向观点看问题，在这个观点上得出一些创新的观点。逆向转换法主要是通过发现某种错误的观念，进而预测这种观念所产生的负面影响，它与头脑风暴法类似，又有所区别。逆向转换法可以有批评的建议，而头脑风暴法是通过刺激的方式来创新思想的。

二、逆向转换法的特点

（一）普遍性

逆向转换法具有普遍性，因为它是吸取唯物辩证法的观点来建立自己的方向，以人、物为创建对象。在这个世界上有统一就有对立，所有事物都是相辅相成的，对立面非常隐蔽地藏在世界的每一处角落，极不易被人类发觉，但又时时刻刻地存在着，如果我们想要创立新的思想，就必须把对立面从人们看不见的地方找出来并加以重视。

不管是浩瀚无垠的宇宙，还是渺小的生物，它们的存在都是由对立面决定的，世界万物在对立面的影响下相互作用，从而引起量变和质变。同样，人与万物都是联系在一起的，人类也受到对立面的影响作用，在这种作用下人的本质暴露无遗，比如，人的善与恶、人的欲望与满足、人的坚持与颓废、人的压力与动力等一系列情感因素都体现了对立面的重要地位。

在生活中，我们经常能见到具有相反功能的科技产品，这种设计理念也是逆向思维的体现。例如，带橡皮头的铅笔，既可以写字，写错字时又能用橡皮头擦掉错字；空调既有制热功能，又有制冷功能；百叶窗既可以遮阳，又可以在保证空气流通的同时，阻挡外界蝇虫的进入；录音机既能录制音乐，又能播放音乐等。

（二）新奇性

逆向转换法还具有新奇性的特点，人们一般会按部就班地按照既定的思维习惯来解决问题，因为这在人们的预料之中，人们在常规范围内解决问题的思想根深蒂固，反向思考超出了人们的预期，不容易被人们接受，但是人们必须学会反向思考。

三、逆向转换法的类型

（一）逆向反转法

逆向反转法就是从对立面反过来看问题的方法。这个逆转可以是原理、功能、过程、位置、因果、程序、观念、结构等许多方面的反转。主要分为以下几个方面。

①原理相反：例如，制冷与制热、电动机与发电机、压缩机与鼓风机等。

②功能相反：这是指从已有事物的相反功能出发，设想新的技术发明或寻求解决问题的新途径，它既可以是功能的直接反转，也可以是功能提供方式的反转，例如，利用保温瓶（保热）装冰（保冷）。

③过程相反：例如，吹尘与吸尘。

④位置相反：例如，改变野生动物园中人和动物的位置。

⑤因果相反：这是指通过改变已有事物的因果关系来引发创意和解决问题的新思路。因果反转即由果到因，例如，数学运算中从结果倒推原因，以检查运算是否正确。

⑥程序相反：例如，科学假设与实验验证。

⑦观念相反：例如，从大而全到专门化，从以产定销到以销定产。

⑧结构逆向：这是指从已有事物的相反结构形式去设想新的技术发明和解决问题的思路。

（二）问题转换法

问题转换法具有非常鲜明的特点，即可以把复杂的问题转换成简单易懂的问题，让人们找到解决问题的方法，从而改变自己的逻辑认知，突破自己的思维框架。但前提条件是必须非常清楚两种事物之间的转换关系，只有认清事物的本质才能取得好的转换结果。主要是思路正确，转变之前的思考方案，结合实际情况进行合理分析，在非常规的思路中找出答案，教会学生一道题的解决方法并不局限于一种，这样做也可以增强学生的思维转换能力。

问题转换法之所以能得到大家的认可，是因为世界上的事物都是彼此依存的，发现了这一事物，就不难发现另一事物，学习了这一技能也可以学习其他的技能，因为有的技能是相通的。正是因为事物之间存在着这样一种微妙的联系，才可以自由转换，而事物之间的关系是转换的核心。

（三）缺点逆用法

缺点逆用法不光是对某一事物的缺点进行改变和克服，而且通过一些丰富的方式对缺点加以利用，从而对它进行有效的改造。缺点逆用法的基本原理是，世界上的事物都具有两面性，俗话说世界上没有两片相同的叶子，事物展现出来的问题和缺点也可以用缺点逆用法加以调整和改变，要一分为二地看待问题，本质是要向好的方面去转化。看似完美的人也会有缺点，因为人无完人，是人就会有缺点。人们要用逆向思维来看待问题，要多思考怎么把坏的方面转换成对人们有益的方面。

在运用缺点逆用法时需要注意：一定要清楚地知道事物的特性和缺点，还要知道事物的转换规则；没有条件要创造条件，有条件要把缺点及时地转换为优点；不仅要克服问题，而且要利用事物的条件更好地解决问题。

第五章　新时期大学生创新创业能力的培养

近年来，随着我国经济转型，国务院和教育部颁布了多部与创新创业教育相关的纲领性文件。国家已经把创新创业上升到国家战略层面，国家支持政策呈现多样化发展的趋势，创新创业教育备受关注。大学生创新创业教育呈现快速发展的趋势，因此培养大学生的创新创业能力是适应快速发展的现代化社会的需要。本章分为大学生创新创业能力概念阐释、大学生创新创业的能力素质、大学生创新创业能力的培养策略三部分。

第一节　大学生创新创业能力概念阐释

一、大学生创新创业能力的相关概念

"能力"在《辞海》中指成功地完成某种活动所必需的个性心理特征。人的各种能力是在先天基本素质的基础上，通过后天学习、生活及实践而形成发展的。创新创业能力是成功完成创新创业行为所必需的能力和心理特征，既包括目前已经具备的能力和素质，也包括可以通过外界刺激或影响而展现的潜在能力。国内外对创新创业能力的概念没有形成统一的界定，这一说法在我国比较普遍，但在国外很少这样说，大都将创新创业能力等同于创业能力展开研究，还有部分学者将创新创业能力等同于创新能力，而我国将"创新创业"作为一个整体提出的时间并不长，因此对创新创业能力的概念界定也较少且不统一。

（一）创业能力

国外学者从不同角度对创业能力进行了概念界定。《欧盟创业能力框架》中提到创业能力由知识、技能和态度三部分构成，既可以指个人能力，又可以指集体能力。从创业者的角度出发，1989 年，联合国教科文组织在"面向 21 世纪教育国际研讨会"上提出创业能力是一种个人品质，包括个人事业心、开拓精神与

技能。学者吉娜（Ghina）认为创业能力被赋予了创业者和企业家的特征。从创业过程的角度出发，“创业教育之父”杰弗里·蒂蒙斯（Jeffry A.Timmons）认为创业能力是通过探索正确的创业机会并开发这种创业机会的一系列行为所对应的素质。全球创业观察（GEM）将创业能力归纳为创办企业的能力、机会捕捉的能力和资源整合的能力。在经济学、管理学领域，以管理学家钱德勒（Chandler）和汉克斯（Hanks）为首，通常将创业胜任力和创业能力合并研究，他们认为创业胜任力是指能将某一工作中有卓越成就者与普通者区分开来的个人的深层次特征，而创业能力的核心就是创业胜任力。在心理学领域，通常将创业自我效能感和创业能力合并起来研究，创业自我效能感是指一个人相信自己能够成功地完成创业的各种角色和任务的力量。

（二）创新能力

在国内外对创新能力的研究中，直接将其等同于创新创业能力的很少。管理学家彼得·德鲁克（Peter F.Drucker）认为企业家精神等同于创新精神。学者巴尼（Barney）和阿尔瓦雷兹（Alvarez）认为创业能力是持续的创新能力。我国学者张宝臣、李燕等认为创新能力是个体运用一切已知信息，产生某种新颖独特且有价值的产品的能力。当我们研究“创新创业”时，创新是创业的前提，创业是创新的结果，所以即使创新能力与创新创业能力在概念界定上有相同之处，但二者更多的是一种包含关系，创新创业能力一定是以创新能力为基础的，但创新能力不能完全代表创新创业能力。

（三）创新创业能力

虽然创新创业能力大多是我国学者在研究，但国外对创业能力的概念界定也在逐渐深入，有些观点与我国的创新创业能力表达方式虽不同，但内涵意思相近。2012 年，英国高等教育质量保障局（QAA）发布的《创新创业教育指南》中明确规定了创业能力包括产生想法并将想法付诸行动的能力和创造文化、社会或经济价值的能力，这与广义上的创新创业意义非常相近。学者曼（Man）等人认为创新创业能力是一种既具有创新能力、实践能力又具备创业潜能的复合型能力。我国学者王占仁提出的创新创业通用素质，包括创业认知、创业情感、创业意志和创业能力，其中创业能力包括把握机会能力、终身学习能力、领导管理能力、团队协作能力、心理调控能力和创新思维能力。

综上所述，从广义的角度对创新创业能力进行概念界定，创新创业能力是一种可以创造或改进新事物，并通过创新创业实践，将其成功转化为有益于个人或社会发展的经济价值、社会价值、文化价值等的综合能力，通常包括创新能力、创业能力等多个能力集群，这些可以称为具体的创新创业能力。在不同领域，进行不同形式的创新创业，能力主体所应具备或擅长的具体创新创业能力也各不相同，但只要有创新想法，能成功转化为实业，并创造促进人和社会发展的有益价值，就能体现其整体的创新创业能力。

（四）大学生创新创业能力

1. 大学生创新创业能力的概念

要想对大学生创新创业能力进行概念界定，就不能忽视大学生群体的特殊性，使大学生创新创业能力概念与一般性的创新创业能力概念有所区分，缩小范围，更加具体和有针对性。大学生与企业家、创业者不同，国家提倡的大学生创业绝不仅仅是“支个摊”“做个小买卖”那么简单，而是要有创新、有价值的创业。因此，笔者在已有文献研究的基础上，结合我国社会背景和大学生群体特点，对大学生创新创业能力进行如下定义：大学生运用掌握的科学文化知识和周围资源，创造和改进新事物并将其转化为对个人或社会发展有益的经济价值、社会价值、文化价值等的能力，多体现在创新创业初级阶段。

2. 大学生创新创业能力的特征

对大学生创新创业能力的研究要符合大学生成长成才规律、满足大学生发展需要。大学生群体的创新创业能力有其特殊性，不完全等同于企业家等其他群体。因此，笔者结合我国时代背景和社会背景，分析大学生群体特点和创新创业阶段，总结归纳出大学生创新创业能力有以下四个特征。

（1）时代性

我国正处于加快建设创新型国家的关键时期，高度重视创新型人才的培养，而大学生作为掌握科学文化知识和先进技术的高精尖人才，正是实现这一宏伟战略目标的主力军。因此，在我国建设创新型国家的时代背景下，大学生创新创业能力应积极回应时代主题，体现新时代中国特色。因此，大学生创新创业能力的时代性，指的就是大学生将自己的理想信念和人生追求同国家发展和社会进步紧密结合起来，响应国家科技创新、知识创新、制度创新等发展要求，牢牢把握“互联网 +”“中国制造 2025”等重大战略机会，聚焦新技术、新业态、新模式，主动积累提升或在外界的支持下培育相应的创新创业能力。

（2）民族性

新一轮的商业创新和技术变革正在重塑全球经济格局，世界各国都在强调创新的重要性，但由于各个国家的社会制度不同、发达程度不同、发展进程不同，对大学生创新创业能力的要求也各不相同，每个国家都应结合本国实际和发展需要，制定相应的具体战略。而中国的大学生创新创业能力应该具有中国特色，要坚持走中国特色社会主义道路，坚持共产党的领导，是符合社会主义合格建设者和可靠接班人培养目标的能力，是服务中华民族伟大复兴的能力。

（3）阶段性

创新创业不是一蹴而就的，而是有一个循序渐进的过程，主要可分为意识觉醒期、初创期、发展期、成熟期等多个阶段，而创新创业主体在不同阶段所需要具备或侧重的创新创业能力有所不同。与企业家、创业者、农民工等社会其他创新创业群体不同，大学生这一特殊群体，时间范围主要限定在大学期间及毕业两年之内，而这所对应的创业阶段基本为意识觉醒期和初创期，这一阶段对应的创新创业能力更侧重于创新精神、学习能力以及初创期所需具备的知识和技能。而后来的发展期、成熟期等需具备的更专业、更深入的相关能力，并不是这一阶段培养的重点。意识觉醒期所应具备的创新创业能力应该是普遍面向全体大学生的，重点在于创新精神、学习能力、创业人格等方面；而初创期所应具备的创新创业能力主要针对的是科技成果转化和实际创业的少部分人群，重点在于企业管理能力等。

（4）发展性

大学生群体的创新创业能力与其他群体的不同之处还体现在发展性。大学生的首要任务是学习。大学生创新创业能力的形成不仅仅是天生的和主观的，还有通过后天的学习和外界环境影响而获得的，而能力的高低也不是一成不变的，是逐渐发展的，是一个从无到有、从弱到强的过程。在国家大环境的熏陶下，在家庭的感染下，在学校的教育下，在社会的支持下，大学生创新创业能力是不断发展的，而在这其中与其他群体差异最显著是学校教育，也就是说大学生创新创业能力是可教的。

二、大学生创新创业能力的相关理论借鉴

（一）能力结构理论

1. 因素构成理论

独立因素说的提出者是美国心理学家爱德华·李·桑代克（Edward Lee Thomdike），他认为人的能力是由多种独立的成分或因素构成的，因素之间独

立发展，彼此并无关系。后期人们发现各因素之间存在关系，相互独立显然是错误的。二因素说的提出者是英国心理学家查尔斯·爱德华·斯皮尔曼（Charles Edward Spearman），他认为能力有两种构成因素，即一般因素（G）和特殊因素（S），G是人的基本心理能量，在决定人的能力高低中起主要作用，S是特殊的因素，是人在完成特定活动任务时所必需的，完成任何作业都是由G和S两种因素决定的。群因素说是美国心理学家路易斯·列昂·瑟斯顿（Louis Leon Thurstone）提出的，他认为大多数的能力都可以由7种原始因素构成，包括数字计算、空间关系、联想记忆、言语理解、言语流畅、知觉速度、一般推理，各因素之间彼此无关。

2. 能力的层次结构理论

英国心理学家阜南（Vernon）在斯皮尔曼二因素说的基础上提出了能力的层次结构理论，认为能力按层次排列，从高至低依次是一般因素（G）、大因素群（言语和教育、操作和技能）、小因素群（操作信息、空间信息、用手操作、言语、数量）、特殊因素（各种特殊能力）。

3. 多元智力理论

美国数学家马丁·加德纳（Martin Gardner）认为智力是在某种社会环境或文化价值标准下，个体解决遇到的难题或者生产创造需要的能力，包括语言、音乐、数学逻辑、空间、身体动觉、内省、人际关系、自然智力8个大范畴。

能力的结构理论为创新创业能力结构模型的构建提供了重要的理论指导，所有能力都应该具有相应的结构。创新创业能力是一种能力，更是一种综合能力，我们有理由相信创新创业能力也是由多种因素构成的，并应该用科学的方法探索其结构。

（二）效果推理理论

效果推理理论是管理学范畴下的一个新兴理论，是一种全新的创业研究理论，属于决策理论的范畴，不同于传统的因果推理逻辑，在创业实践中具有重要的指导意义。效果推理理论的提出者是萨拉斯·萨拉斯瓦斯（Saras D. Sarasvathy），她是美国弗吉尼亚大学达顿商学院的教授，师从诺贝尔经济学奖获得者赫伯特·西蒙（Herbert A. Simon）。1978年，西蒙提出了决策理论，他认为个体在决策的过程是一个有限理性人（介于完全理性和非理性之间），因为决策者是具有有限的知识、信息、经验及能力的个体，所以在实践过程中不可能找到全部的备选方案，同时也不能预判全部结果，这就要求决策者在实践的过程中寻求最满意的但可能不是最优的解决方式。

萨拉斯瓦斯将这一理论应用到了创业管理研究领域，发表了《因果关系和效果推理：从经济必然走向创业精神的理论转变》一文，从创业决策的不确定性角度出发，提出了效果推理理论。

众所周知，创业过程是一个充满未知的过程，创业者在创业过程中面临风险、模糊性和奈特不确定性。所谓奈特不确定性，举个例子来说，假设让决策者去盒子中摸球，抓到一只红球会获得金钱奖励。而盒子里可能有球，也可能没有球，这种情况就是奈特不确定性。那么风险可以评估，模糊可以通过决策方式进行概率估计，而当奈特不确定性产生时，所有的评估方式都不起作用，也就无法用传统的因果推理方式进行决策。此时就需要使用效果推理理论，在风险承受范围内，决策者循序渐进地进行摸索和尝试，通过试错和修正创业行为，发现一条创业的成功路径，从而获得成功。

第二节　大学生创新创业的能力素质

一、素质

创新创业教育从本质上讲是以培养学生的创新创业精神和创新创业能力为核心的素质教育，因此，对创新创业人才素质有一个科学清晰的认识就显得尤为关键。学者多着眼于宏观，从创新创业人才培养和创新创业教育评价出发，注重理念的宣扬、经验的总结和实践的反思，鲜有人从理论基础入手，进行规范深入的研究。由此产生的问题如对创新创业的概念认识模糊，常常将创新创业混为一谈，对于能力、素质等术语使用随意。对基础知识的准确把握是后续研究的基础，也是学术严谨性的要求。因此，首先对创新创业人才素质进行概念界定。

“素质”一词，在古汉语中主要是指物体具备的本质或未经人工修饰的质地，主要指的是物体的客观属性。如《管子・势》中曾有“正静不争，动作不贰，素质不留，与地同极”的说法，在此处“素质”即为“本质”之意。现代汉语中，“素质”内涵的外延扩展到人，不单指物体的属性，汉语词典中“素质”既可指事物本来的性质，也可以指人的修养或素养。随着其被学术研究引入，“素质”一词有了更多不同的注解，在不同的学科背景下差异明显。生理学和心理学上将素质定义为先天遗传的品质，这种品质为后天各种能力的发展培养提供了基础；而教育学方面则认为素质虽然会受到先天遗传的影响，但更多的是受环境和教育影响而不断发展起来的后天具有稳定性的品质特征；而管理学中对素质的定义与“能力”“胜任力”等紧密相关，分为特征论和行为论，这两种观点各有侧重，相互补充。

综合来看，首先，素质具有外显性，通过个人的行为表现或工作绩效表现出来；其次，素质具有内生性，是个体为了完成一定任务或从事某项活动所具备的内在条件和驱动因素；第三，素质具有可测性，可以通过一定的方法和手段进行识别与评价，并可通过有意识的培养得到改善和提高。所谓素质，是指个人为完成某项任务或活动，在先天遗传的基础上，通过教育环境等影响建构起来的较为稳定、可以评价和改善的内在特征，主要包括意识、品质、能力、态度等因素。

二、创新创业素质

根据素质的定义，结合创新与创业的关系，创新创业素质指个体有助于完成创新创业活动所具备的具有稳定性和一致性的各种内在特征，是包括意识、品质、能力、知识、态度等在内的各种要素的综合体。这些要素可以通过个体在创新创业活动中的行为表现来进行识别和评价。这一定义说明创新创业素质具有以下特点：①创造性。创新创业本质上要求充分发挥个人的主动性和创造性，培养人的创新创业意识和能力。具备创新创业素质的人才有别于一般人才的根本特征就是其创造性，他们依托自身的知识和技能，开创性地进行创新创业活动，从而实现自我价值和社会价值。这就使得创新创业人才所从事的活动具有高层次、高价值的特性，与一般的、简单的、重复性的创新行为或创业活动区分开来。②交叉性。创新创业素质是创新素质与创业素质的交叉与融合。具备该素质的人才开展的活动可以是高层次的创新行为、具有开创性的创业行为以及从事创新活动并将其转为创业活动的创新型创业行为。③综合性。创新创业活动对个体有很高的要求，需要个体具备雄厚的知识基础、全面的能力结构以及完善的人格特质，是多种因素共同作用的结果。所以，创新创业素质是一种综合素质，是各种能力和潜质的结合体。

三、大学生创新创业能力素质

（一）创新创业能力素质构成

关于创新创业能力素质的具体构成，可以从不同的角度进行分析，具体包括以下几个方面。

1. 基于实践经验进行的定性分析

（1）特点论

典型研究如我国著名化学家、自然科学家朱清时认为创新创业人才的特点如下：知识的多学科交叉性、好奇心浓厚与兴趣广泛、洞察力敏锐、勤奋刻苦、注意力集中以及具有诚实、责任感和自信心等品质。我国力学专家胡海岩将创新创业人才素质归为三点：一是一种精神态度，即对科学和创新持有长久的热情且乐于执着追求，并抱有研究到底的态度；二是一种知识积累，即需要具备该领域所需的基本知识基础；三是一种思维，即开阔发散，能够举一反三、跨界组合利用。我国学者王铁臣认为创新创业人才素质是综合性的素质，包括政治、人文、心理、身体、业务和创新等方面的素质。同时创新创业人才的素质与传统人才相比，知识结构更加综合和开放，智能结构更加动态和创新，个性品质更加积极进取。

（2）成分论

学者王凤科、周祖成将创新型人才素质分为四部分：意识、知识、能力、个性。学者杨名声等认为创新型人才的创新素质应当包括：创新的人格、意识、思维、能力和知识；较强的学习、信息、研究和操作能力；健全的人格、良好的心理素质以及敢于质疑、批判和冒险的科学精神。学者黄保强将创新型人才的素质分为思想观念、心理素质、身体素质、能力结构和知识结构五部分。学者周瑛认为创新创业人才所包含的素质可以分为一般的通用素质和特定的创新素质，通用素质主要指作为自然个体所应具备的自然、心理和社会等方面的基本素质。创新素质是创新创业人才区别于其他人的独特素质，指的是能够进行创新活动，为社会创造价值的品质及能力，包括创新人格、创新精神、创新思维、创新能力以及合理的知识结构等。学者房国忠等认为创新型人才的素质是一个综合体，其中包含了多种特质，至少应包括创新性的思维模式、人格魅力、学习能力以及必备的社会素质等。学者李朝军在分析了大学生的创业活动之后，认为良好的创业素质是创业成功的基本保证。大学生的创业素质应包括创业心理、创业知识和创业能力。创业心理指创业的心理倾向性，是个体决定创业的各种心理因素；创业知识和创业能力都是多方面的。创业知识主要包括与创业活动相关的财务金融知识、营销运营知识和管理、领导力等方面的知识；创业能力则分为两大类，一是创新能力，二是把握市场商机的能力。

2. 借助实证研究进行的定量分析

国务院发展研究中心所属的人力资源研究培训中心曾经对 84 名创新型科技人才进行访谈，并征求了 50 位学者的意见和看法，最终提炼出 55 种创新型科技人才的关键特质，出现频次较高的特质包括独立性、创新意识、创新能力、强烈的好奇心、敏锐的洞察力与观察力、深厚的知识积累、坚强的意志、丰富的想象力、较强的创造力和科学实践能力等。学者陈艳、雷育胜等在广东省多所高校开展了针对大学生群体的创业素质的调查访问，主要调查和了解大学生的创业意念、创业能力素质、创业价值取向和创业知识情况。在调查问卷的设计上，他们参考了由美国创业者协会编写的测试题，采用了人格测验（卡特尔十六项人格因素测验）的方式，同时结合大学生所处的环境特点及群体特征，具有较强的针对性和良好的解释度。此外，国内外还有很多学者在创业能力素质评价中使用了数学方法，如层次分析法、模糊综合评价法，建立了很多不同的模型进行研究与评价。

3. 依托心理学进行的人格特征分析

心理学家詹森·贝蒂（Jason Betty）在总结多名发明家的资料后，将发明家的人格特点归结为十种：大无畏的冒险精神、不理会外界的嘲笑、执着追求、力求完整化的心理、对自己的实验充满信心、永不衰退的自信心、永不衰退的好奇心、强烈的好胜心、不受外来干扰、别具一格的孤独性格。心理学家巴伦（Barron）对不同领域的科学家进行了连续 20 年的跟踪研究，发现了他们共有的一些人格特质，如自我意识强烈、情绪较为稳定、习惯独立自主、能够控制冲动、喜欢矛盾和障碍、爱好次序和精确。

美国心理学家戴维斯（Davis）将创新人格特征总结为十个方面：一是具有强大的自我独立性；二是具有充足的自信心；三是敢于并乐于冒险；四是拥有长远的理想；五是有自我判断力、有主见；六是会被复杂的新鲜事物所吸引；七是具有良好的审美能力；八是具备幽默感；九是具有广泛又专一的个人兴趣爱好；十是好奇心强。

美国创造心理学家格林（Green）同样提出创新能力由十个要素构成：知识储备、学习能力、好奇心、记忆能力、客观理性、思考能力、环境观察力、专注度、坚持力与意志力。美国心理学家乔伊·保罗·吉尔福特（Joy Paul Guilford）提供了一张创造者特征表：对问题的敏感性；流畅性，包括形象流畅性、语词流畅性、思维流畅性、联想流畅性、表达流畅性；灵活性，包括自发灵活性、顺序流畅性；独创性；分析能力；综合能力；发现或改组新定义的能力；思维强度、洞察力、穿透能力。

美国心理学家罗伯特·斯滕伯格（Robert J.Steinberg）认为，创造者身上具备三个共同的特点：面对未知的不确定性可以忍受、面对障碍可以克服以及强大的自信心。

从已有的对创新创业素质的研究来看，国内学者对创新创业素质维度的划分有很多共性，很多学者都侧重于与创新创业活动密切相关的素质，如创新创业知识、技能、意识、精神、思维、能力、人格等素质维度，还有的学者从综合素质的角度出发，将政治素质、思想道德素质、身体素质也考虑在内。而国外学者给出的素质更具体、更微观，但也可以根据它们的内涵进行归类。

综合学界的观点，分析大学生创新创业素质的构成应当注意以下几点：第一，大学生群体的特殊性。现有的研究很多都是对创新创业人才的研究，虽然从广义上讲，大学生创新创业素质与创新创业人才的素质具有相通之处，但二者还是有一些差异，因此，选取素质成分也应当考虑大学生的实际情况。第二，素质定义的规范性。素质具有清晰明确的定义，有其固有的特点，如内隐性、基础性、稳定性等，因此，素质成分的选取必须严格遵循素质的定义，避免模糊性与不规范性。第三，创新创业的耦合性。创新与创业既有联系又有区别，对二者关系的正确把握有助于更好地理解创新创业活动，更好地理解创新创业素质，在选取素质的成分时要正确认识创新素质与创业素质的关系，避免遗漏或重复。

（二）创新创业素质模型要素分析

1. 创新创业意识：动因要素

意识是行为的先导，也是其潜在动力。创新创业意识是指认同、关注和希望从事创新创业活动的观点和信念。作为创新创业活动的内在驱动力，创新创业意识决定了一个人是否有兴趣、有意愿去从事创新创业活动。创新创业意识是大学生开展创新创业活动的关键驱动因素，其高低强弱会直接影响创新创业行为，甚至在一定程度上决定其成败。只有具备开拓进取、不畏艰难、勇于尝试的创新创业意识，才能不断突破传统和自身的限制，激发内在潜力，最大限度地实现自我价值，从而造福于社会。

创新创业意识从本质上看是一种心理现象，是一种基于对创新创业的认知，由求知欲、好奇心、进取心以及敢于质疑、勇于创新等心理特点构成的心理属性，由多种因素综合作用而形成。创新创业意识包括对创新创业的正确认知，能够认识到其意义和重要性，以及对从事创新活动的迫切性及责任感，同时也包含了对创新创业理论、方法、技巧等的强烈兴趣以及理解和把握。最终体现为一种对创新创业活动的兴趣、认同和需要。因此，创新创业意识既是创新创业活动的缘起，也是其动力源泉，要不断增强大学生的创新创业意识。

2. 创新创业思维：认知要素

创新创业活动具有复杂性、系统性和综合性的特点，要想更好地完成创新创业活动，就要有良好的思维习惯和思维品质。创新创业思维要求大学生进行前瞻性、开放性和创造性的思考，在认识和处理事务时不落窠臼，推陈出新。开展创新创业活动需要学生改变被动式的学习和成长方式，更多地需要学生唤醒自我意识，主动学习，自我成长，从外界汲取一切有用的经验知识，改变生搬硬套、教条主义的单一、狭隘的思维方式，不再凭主观想象和感情因素进行判断，积极投身客观实践，学会多角度地、客观地、辩证地看待问题，提高思维的敏捷性和灵活性。创新创业思维作为一种思维习惯，可以有意识地进行培养，可以在大学生日常的学习和生活中，进行引导和训练。这种思维方式超越了传统的、固定的思维方式，是一种高级的、开创性的思维，可以透过事物表象发现其本质，还能在此基础上进行独立思考与总结，最终形成新颖且极具价值的思维成果。创新创业思维并不独立存在，而是一种综合性的思维方式，包含主动性思维、发散性思维、灵感思维、创造性思维等多种思维，不同的思维相互作用、有机结合，帮助个体从事创造性的活动。

3. 创新创业精神：推动要素

精神活动本质上也是一种心理活动，影响个体行为的起始、进程、强度等。创新创业精神是从事创新创业行为必备的一系列心理特征和思维活动，良好的创新创业精神可以提高创新创业活动成功的概率。对大学生而言，当今社会竞争日趋激烈，在对大学生提出更高要求的同时，也提供了多样化的发展路径，越来越多的大学生投身于创新创业活动之中。创新创业活动的艰巨性和复杂性，要求大学生具有坚强的意志，具备百折不挠、不畏艰难、勇于进取的精神品质，能够在困境中保持旺盛的斗志，全力以赴，充分发挥自身潜能，敢为人先，从而在残酷的竞争中脱颖而出，实现自我价值。创新创业精神并不仅仅是鼓励和帮助大学生从事创新创业活动，实际上，创新创业精神可以作为大学生素质的重要组成部分，不管是在学习、工作还是在生活中都受用无穷，这也是创新创业教育的目标所在。创新创业精神是一种心理倾向，且是一种正向的、具有积极暗示意义和稳定性的个体心理倾向。与人格因素不同，创新创业精神可以通过后天的培养来塑造。创新创业精神也是一个综合性的概念，其构成包含但不限于进取精神、批判精神、开拓精神、冒险精神等要素。创新创业精神表现为一种破旧立新的魄力，不迷信书本与权威，不囿于经验与传统，不安于现状与成就，不断创新，积极进取；表现为一种坚持不懈的韧性，目标坚定，心无旁骛，为了目标而持续努力；还表现为一种永不言弃的勇气，不畏失败，屡败屡战，能够承受打击，不达目标不罢休。创新创业精神能够帮助大学生在进行创新创业活动时战胜艰难险阻，提高成功的概率。

4. 创新创业知识：工具要素

知识是创新创业的基础，而创新创业则是知识的升华。大学生的创新创业活动是高层次的、高水平的，要求大学生具有深厚的知识积累。创新创业活动对人的要求是全面的、综合的，因此大学生的知识结构应当是广度和深度的结合，既要有精深的专业领域知识，也要有广博的跨学科、多领域知识。从很多的成功案例来看，大学生必须掌握扎实的基础知识，知晓本专业的学科发展趋势和最新研究成果，并能了解相邻学科、横向学科的相关知识，融会贯通，这是进行创新创业活动的重要条件，同时也要不断拓宽视野，掌握多样化的知识，了解社会发展动态，寻求知识与实践的结合。事实表明，大学生在从事创新创业活动时掌握的信息越多，知识储备越丰富，就越容易开阔思路，进行综合化和一体化思维，更利于创新。不同领域、不同类型的知识作用不同，合理的搭配、合理的知识结构可以相互促进，使知识发挥最大作用。从大学生创新创业的特点来看，创新创业知识应当包含专业知识、人文社科知识、交叉学科知识以及创新创业理论等。专业知识的重要性不言而喻，专业知识的学习过程是大学生学习习惯养成、思维方式建构、个人成长的重要载体，对于某个领域的深入了解，可以帮助大学生选择创新创业的方向与切入点；人文社科知识有助于提升大学生的素养，有助于使其正确地认识自己，在创新创业活动中，管理的方法与技巧、人与人之间关系的处理等都需要管理学、法学、心理学等人文社科知识的支撑；除了传统的知识以外，交叉学科知识越来越受到重视，实践表明，一些重大的科学成就和创新成果都诞生于学科交叉领域，当前科学的发展也越来越呈现出多元学科、边缘学科交叉融合的趋势，这就要求大学生必须具备交叉学科的知识。另外，创新创业活动有着自己的规律和特点、相应的理论和方法，很多大学设置了专门的课程来教授学生创新创业的规律和技巧。因此，大学生也应当具备创新创业本身的专业知识。

5. 创新创业能力：执行要素

能力是个体具备的某种才能或能够完成某事的本领，是在实践中能够综合运用知识、经验，克服困难而达成目标所表现出来的综合素质。创新创业能力是指运用现有的知识与技能，在实践中加以创新和突破，产生具有新颖性、创造性和开拓性的理论与实践成果，从而完成创新创业活动的能力。创新创业能力对具体的创新实践活动有着直接、间接的影响，其高低情况也制约着活动的进行。创新创业能力使创新创业从抽象概念转变为可实现的实践，从这个意义上来看，其也是整个创新创业活动从一开始启动到前期运营以及最后实现结果、达成的操作要素。纵观成功的大学生创新创业实践，无不是不断发现、不断尝试、不断创新与进步的过程。因此，大学生应当具备敏锐的观察能力和思考能力，做生活中的有心人，发现事物间的内在联系，发掘不被常人洞察的信息，为创新寻找切入点；而在创新创业的过程中，又要具备良好的判断能力和应变能力，把握实践的方向，及时纠偏，使活动顺利开展。除此之外，还需要大学生具有良好的沟通与合作能力，发挥团队的作用，利用集体的智慧。创新创业活动也充满了艰难与挑战，需要大学生具有抗压能力和克坚攻难的勇气。远到比尔·盖茨（Bill Gates）创立微软，谢尔盖·布林（Sergey Brin）、拉里·佩奇（Larry Page）和艾瑞克·施密特（Eric Schmidt）建立谷歌，近到互联网时代马克·艾略特·扎克伯格（Mark Elliot Zuckerberg）创立脸书，马化腾创立腾讯，这些创业成功的案例，都表明了能力要素的重要性。总结来看，创新创业能力影响甚至决定了创新创业的目标达成度以及达成度的深度。从具体能力构成来看，主要包括对创新创业的理解、清晰表达，面对变化的及时判断、适应、应变处理与实践，面对市场的创新创造，与不同人员的社交、团结协作，以及个人的自主学习与想象、抗压程度等能力。能力是可以培养和加强的，因此，要重视培养大学生各方面的能力，为创新创业打下良好基础。

6. 创新创业人格：调节要素

人格是个体所具备的具有稳定性的心理特征，是性格、气质、兴趣、意志、气质等具有倾向性的心理特征的总和。人格常表现为一个人整体的精神面貌，表现为个体独特的行为方式和思维习惯。心理学研究表明，人格可以调节个体的心理活动，同时深刻地影响着人的外在行为。创新创业人格就是指与创新创业活动特点密切相关的个体心理特征，在创新创业活动中起着重要的促进和调节作用。一些学者的研究表明，在创新创业方面，有杰出表现的人通常会具备一些人格特征，如自信、敢于冒险、独立性强等。斯滕伯格认为有五种人格特征在创造力活动中具有明显的作用，分别为自信心、冒险性、愿意成长、勇于克服障碍、能够接受不确定性。戴维斯将创新的人格概括为有较强的独立性和自信心、敢冒风险、有很强的好奇心、有理想和抱负、不盲从他人、喜欢研究复杂新奇的事物、具有审美观、富有幽默感、有广泛的兴趣爱好等。结合创新创业活动的特点，创新创业人格应包含以下基本特征：独立性、使命感、好奇心、成就导向、冒险性、自信心、自我控制、意志力、责任感、合作性。这些都属于非智力因素，是影响创新创业的重要调节要素。创新创业人格是创新创业素质的重要构成部分，人格是思维和能力得以形成和发展的重要心理基础。对创新创业来说，良好的人格对激发和促进内在的创新创业能力十分重要。反之，若不具备良好的人格，则会对创新创业能力产生负面影响。虽然人格因素具有先天性和稳定性的特点，但实践表明，一些创新创业人格特质在社会实践中也是可以培养和加强的。因此，大学生创新创业要重视人格的因素，有意识地进行发掘，加以引导。

第三节　大学生创新创业能力的培养策略

一、大学生创新创业能力培养存在的问题

（一）创新创业能力培养理念存在偏差

1. 对创新创业能力培养的认识不到位是学校的通病

笔者通过资料搜集和问卷调查发现，高校对创新创业能力培养的重要性认识不到位一直是阻碍创新创业能力培养的大问题。主要体现在两个方面：一方面，一些高校只是把创新创业能力培养当作学生就业指导课程的有利补充，既不正规，也缺乏系统性；另一方面，一些高校仅仅将创新创业能力培养理解为帮助学生自主创业，缺乏对学生综合素质的培养。这两方面的问题阻碍了高校创新创业能力培养机制的形成，同时不利于学生创新创业能力的提高。

2. 学生对创新创业能力培养的认知有偏差

大部分大学生对创新创业能力的认知正确，认为在校进行创新创业能力培养是必须的，而且是急迫的。但仍然有一部分学生对创新创业能力培养存在认知上的偏差，认为必要性不强。究其原因，一方面，他们认为创新创业能力是在今后

工作中，或者说走向社会后才能培养的，这种认知严重影响学生创新创业能力的提高。另一方面，学生认识不足，也在于学校在培养创新创业能力方面缺乏有效系统的措施和保障机制，使得学生长期在意识层面没有引起足够的重视。有部分学生认为高校的重点是培养自身的专业技能，创新创业能力培养和专业技能之间连接性不强，甚至会加重自身的课业负担。

综上所述，部分大学生在创新创业认知方面存在的问题会导致其创新创业能力不足，在当下的高校中，部分学生学习的目的是找到好的工作，为此，会比较看重对专业技能的学习，而往往忽视其他素质的提高，最终导致创新创业这一关键能力的缺失。

（二）创新创业能力培养体系有待完善

1. 师资不足是制约创新创业能力培养的短板

教师是一个学校的灵魂，是学生素质能力提高的关键。在以往的高校中，大部分教师要么是理论的讲授者，要么是技术的教授者。而创新创业能力培养的专职教师应该不同于上述两类教师，他们应该既有专业的理论功底，又有丰富的企业经历或创业经历。只有这样才能使学生将理论和实际相结合，真正提高其实践能力。但笔者通过调查发现，当今部分高校创新创业教师要么是就业指导中心的教师，要么是专兼职辅导员，又或是心理教师。他们的理论水平和实践经历都和真正的创新创业专职教师水平相差甚远。还有一些高校认识到了本校教师的不足，于是从社会上聘任了一些有实践经验的创新创业兼职教师，他们虽然能力强一些，但是由于其具有临时性，不固定，又没有保障机制，使得他们在授课过程中也存在能力参差不齐等问题。综上所述，师资存在的问题不仅不利于学生创新创业能力的提高，更重要的是会在思想意识层面使得学生对该能力不重视，不能很好地适应不断发展、与时俱进的经济社会。

2. 创新创业能力培养课程设置不合理

笔者通过调查发现，课程设置不合理是一些高校存在的通病，对学生创新创业能力的提高产生了负面影响，具体表现如下。

首先，教学标准不统一是高校存在的普遍问题，评价标准不一致，课程设置、教学计划、考核方式等缺乏统一的指导和明确的要求。这样的结果就是各学校各自为政，质量参差不齐。

其次，在课程的设置上，部分高校开设的创新创业教育课程只是生涯规划课和思修课、法律基础课的一部分，课时少，时间短、内容缺乏专业性。部分教师只是为学生讲述成功的创业案例，忽视了对学生专业能力和综合素质的培养。

最后，教学方法单一。受传统教育模式的影响，部分教师习惯口头传授，但随着经济的发展，教育模式也要与时俱进，尤其是创新创业能力，光靠口头传授，缺乏实践培训是很难真正得到提高的。

3. 创新创业能力培养实践系统不完善

创新创业能力培养与以往能力培养很大的不同在于，其更多地强调学生的实践性培养。在传统教育的影响下，制约学生创新创业能力提高的重要因素是实践系统不完善。

部分高校虽然有实践培训，但缺乏系统性，随意性较强，不能做到培养的循序渐进，使得学生不能真正提高创新创业能力。部分高校忽视了本校的特殊性，导致实践系统针对性不强，学生能力提高缓慢。虽然有些高校有自己的实践基地，也有较好的硬件设施，但忽视了对学生个体创新创业思维、意识等能力的培养。

4. 创新创业能力培养评价体系不合理

建立评价体系是为了更好地起到推动作用。但目前部分高校的评价体系不合理，制约着学生创新创业能力的提高。如何更好地建立合理有效且可操作性强的评价体系成为亟待解决的问题。

第一，评价目标模糊，一方面只有课程教学评价，没有实践内容评价；另一方面，只有专家学者意见，缺乏一线教师的有效指导，导致该评价不能有效提高大学生的创新创业能力。

第二，部分高校将创新创业能力培养的评价同其他教学常规评价混在一起，形式大于内容，这种形式主义的评价方式必然会阻碍大学生创新创业能力的提高。

第三，评价中专家学者占比较大，一线教师和学生占比较小，而一线教师和学生作为创新创业能力的直接参与者和受益人，其参与程度直接影响评价效果。

（三）创新创业能力培养环境缺乏有力支撑

1. 政府关于大学生创新创业能力培养的政策未得到落实

政府在创新创业能力培养中的作用主要通过政策的支持、制度的保障来实现。

随着建设创新型国家这一战略部署的不断推进，政府应该不断制定积极的政策和制度来促进大学生创新创业能力的提高。但在近些年的实践过程中，政府虽然出台了很多政策，但针对大学生创新创业能力培养的专项政策和计划较少。因此政府应及时总结经验，从而有效落实关于大学生创新创业能力培养的政策。

2. 企业参与大学生创新创业能力培养的积极性不高

要想切实提高大学生的创新创业能力，企业的积极参与是至关重要的，因为创新创业活动的实践性较强，而企业是最好的实践平台之一。企业的参与应该包括三个层面：一是可以为高校提供培养导师，既能帮助高校本身的专职教师尽快提高能力，又可以促进学生创新创业能力的提高。二是可以为高校提供必要的资金支持，比如校企合作的科研项目，企业提供相应的资金支持；学生的课外实训成绩优秀，企业提供相应的奖学金和必要的实习奖金等，都将对高校及其学生创新创业能力培养积极性的提高起到重要的激励作用。三是可以和高校签订协议，企业作为高校长期的能力培养实训基地，为学生创新创业能力的提高提供保障，为学校培养机制的形成提供系统性、长期性的外部环境保障。

部分企业存在参与积极性不足的特点。究其原因，企业与学校的合作机制不健全，部分企业培养的人才最后流失的现象时有发生，导致企业参与积极性不高；企业对高校创新创业能力培养的实施满意度不足，认为高校主要任务是培养技术人才，创新创业能力培养不是其主业，故而积极性不高；政府对企业和学校的深度融合方面的支持力度不强，相应的支持不到位，使得企业和学校的联系形式大于内容，缺乏长期有效的制度保障和政策支持。

3. 家庭缺乏对创新创业培养的正确认识

对于创新创业，大多数家长持反对的态度，认为那样风险太大。因此，部分家长对学校开展创新创业教育存在不理解现象。一来认为和传统教育观念相违背，是冒险之举；二来认为会影响学生正确价值观的形成，部分家长认为创新创业教育不但不会提高学生的综合素质，反而会使学生好高骛远，眼高手低。

4. 缺乏良好的校园文化氛围

校园文化是一个学校发展的软环境、软平台，这一阵地守不好，其影响是巨大的。创新创业能力培养本身就是一个新鲜事物，对于学生也好，社会也罢，接受起来都是需要时间的，高校应该潜移默化地影响学生，并且通过持续的有计划的渗透，最终将创新创业意识深入持久地渗透到学生的价值观中，成为其必备素质之一。但现实情况是部分院校的文化氛围未形成，学生不能从校园中感受到浓浓的创新创业、探索求知的氛围。青年人是需要激情的，高校需要从各个方面对其不断激励，提高其创新创业的激情和动力，这是创新创业的前提。

二、大学生创新创业能力的培养途径

（一）培养大学生的创新创业素质

大学生创新创业素质是显性素质与隐性素质的综合，是工具性素质与人格性素质的结合体。因此，创新创业素质的培养是一项系统工程，也是一项长期工程，绝非一日之功。大学生创新创业素质的养成需要社会、学校以及个人的共同努力，也需要理念、机制、资源等方面的联动与支持。在社会层面，政府应该有明确的创新创业政策及导向，并有相应的支持体系，社会应当鼓励创新与创业，营造浓厚的创新创业文化氛围；在学校层面，应当树立正确的创新创业教育理念，优化创新创业人才的培养模式，并营造浓厚的创新创业校园氛围；在个人层面，大学生应该在日常的学习生活中培养自己的创新精神与开拓精神，勇于尝试，大胆实践，提高自己的创新与创业能力。笔者结合大学生群体的实际情况，对于培养大学生的创新创业素质提出以下建议。

1. 转变培养理念

理念是行动的先导，大学生创新创业素质的培养首先有赖于教育理念的转变。

（1）传统教育理念的转变

我国的大学教育历来重视知识的传授，注重培养研究型和应用型人才，这是我国高等教育的优势所在。但这种教育理念也在一定程度上造成了重知识传授轻实践锻炼的倾向，使得我国大学教育在对学生创造力、创新创业精神的培养方面较为薄弱，缺乏对学生个性发展的引导和自我潜能的挖掘，一定程度上导致人才培养与社会需求脱节，无法满足经济社会快速发展的需要；从大学生毕业的去向来看，更多集中在就业、考研、考公务员、出国等方面，进行自主性创业的大学生相对较少。因此，高校必须转变教育理念，不仅要重视知识的传授，而且要重视学生其他方面的自由全面发展，着眼于创新创业精神与能力方面，提高学生的自我驱动力、独立自主能力和实践能力；加强个性化教育，使学生能够充分发挥自身特点，实现自我价值。

（2）创新创业教育理念的转变

创新创业教育本质上是一种素质教育，以培养具有事业心和开拓能力的个人为目标，以培养学生的创造性和创新精神为价值追求。创新创业教育的目的不是单纯地培养大学生的创业能力，而是要培养学生的创新创业精神和能力，一方面促进学生更好地就业或选择创业，另一方面提高学生的综合素质，为学生将来发展奠定良好的基础，并引导学生将创业作为未来的一种职业选择。创新创业教育有利于大学生知识、素质、能力的全面提升，有利于促进大学生成长成才，满足了国家与社会发展对人才的要求，也符合高校教育改革和人才培养的目标。高校要树立正确的创新创业教育理念，把落脚点放在提高学生以创新创业能力为核心的综合素质上。

2. 加快教学改革

课堂教学是大学生创新创业素质培养的重要载体，因此高校要与时俱进，持续推动教学改革，充分发挥课堂教学在大学生创新创业能力培养中的重要作用。教学改革是一项系统工程，高校要不断革新教学内容、改进教学方式、丰富教学手段，以消除一切阻碍大学生创新创业素质养成的因素，在教学层面为大学生创新创业素质的培养提供支撑。创新创业活动具有突破性、创造性等特点，因此在教学内容上要突出前沿性和新颖性，将最新的知识传递给学生，使其能够掌握学科领域的最新动态，把握经济社会发展的最新趋势，为创新创业活动提供方向。在教学方式上，实施具有启发性、研究性的教学模式，注重发挥学生的主体作用，注重启迪学生的奇思妙想，注重培养学生的批判性思维，注重发挥学生的主体性。将原来由教师主导的教学传授性方式，转变为引导学生主动学习思考的探究式学习方式。在教学手段方面则要充分利用现代教育技术，创设融思想、知识、趣味、审美观于一体的情景交融的学习环境，激发学生的学习兴趣，调动学生积极参与教学活动的积极性。同时还要注重理论教学与实践教学相结合，强化实践教学环节，注重培养学生的实践动手能力、分析和解决实际问题的能力。另外，高校应将第一课堂与第二课堂相结合，充分发挥第二课堂的作用。第二课堂是课堂教学的重要补充，也是大学生将理论转化为实践的重要途径。学生在参与第二课堂的过程中可以相互交流沟通，不同学科背景的学生一起进行跨界思维，激发创新灵感；同时在第二课堂与人交流沟通的过程中，大学生可以学会处理各种关系，应对各种复杂局面，提高了团队合作能力和应变能力。第二课堂的内容往往与社会实践相联系，具有前沿性和及时性，有助于学校教育与社会接轨，提高学生的社会化程度，使其更好地融入社会。这种作用是无形的，可以潜移默化地影响学生，激发学生的探索欲和求知欲，将创新创业的思维和素质内化，促使他们更积极地参与实践，从而提高学生的创新创业素质。

3. 加大支持力度

大学生创新创业素质需要在实践中得到培养和检验，因此，高校应当为学生开展创新创业实践创造条件。除了学校之外，还需要政府、企业以及家庭多方主体的共同参与，使学生敢于实践、乐于实践，在实践中进一步提升自己的创新创业素质。政府层面主要是为学生的创新创业活动提供必要的支持，并利用政策对创新创业活动进行引导。政府应当建立完善的大学生创业服务体系，放宽对大学生创新创业的限制，降低准入门槛，减少审批环节，给予特别优惠等，进一步减少创业壁垒，创设规范有序的创业环境；建立大学生创业“一站式”服务体系，提供前期调研、业务咨询以及决策支持等服务，为大学生创业答疑解惑，排忧解难；完善大学生创业社会保障机制，应当通过“创业失败救助金”“创业失败关怀”等行动减轻大学生的创业压力，保障其基本生活，增强他们的创业安全感，为大学生开展创新创业活动提供有力支持。企业可以为学生提供实习的机会，创造各种条件，帮助学生更好地了解企业的日常经营活动，将理论与实践相结合，从而更好地开展创新创业实践；企业和高校合作也能达到双赢的效果，一方面有利于企业的雇主品牌宣传和人才招募，另一方面有助于缓解高校创新创业教育资金短缺的难题。大学生家庭也应当转变观念和思路，有意识地培养学生的创新创业精神及各种能力，使其形成健全的人格；同时要改变旧的择业观，树立自由、开放、多元的择业观，鼓励大学生根据自身特点，勇于进取，不断创新，自主创业，在其遇到困难时，要给予宽容和理解。

4. 营造创新创业氛围

对大学生创新创业素质的培养离不开文化的熏陶。在创新创业氛围浓厚的社会中，创新创业活动会受到鼓励与支持，创新精神与创业精神会被人们所推崇。创新创业不是少部分人的行为活动，而是作为一种普遍的社会现象和思想观念深入人心。在这样的文化氛围下，政府会投入更多的资源对创新创业活动进行扶持，鼓励全民参与；高校会更加积极地开展创新创业教育，以满足社会需求；而大学生的创新创业活动会变得更加活跃，自觉投身于创新创业实践，大量的创新创业人才将会涌现出来。

因此，在全社会进行创新创业宣传和文化建设，营造开放、进取、自由的创新创业氛围，对于大学生创新创业素质的培养也是很有必要的。创新创业氛围的营造是一个长期的过程，需要多方共同努力，持续推进。在国家层面，我国已经出台了一系列的政策法规支持和鼓励大学生创新创业，在全社会也进行了广泛的宣传与传播，但距离创新创业氛围的形成仍有很长的路要走。在宣传的方式上，可以利用各种传播媒介，如电视、网络、新媒体等宣传创新创业的故事与典型以及相关的政策与举措。积极传播正面信息，鼓励大胆创新，对失败持容许和宽容的态度，解除创新创业的后顾之忧，形成人人想创业、人人能创业、人人敢创业的文化氛围。

对于创新创业氛围的营造，高校要充分利用校内外各种资源，加强宣传和教育。第一，提供校园创新创业信息服务。为学生提供各种创业项目、创业资源、创业政策等信息咨询和宣传服务。第二，利用公众号、校园广播、宣传栏、校内网等传播媒介，在大学生群体中传播创新创业知识、普及创新与创业的意义，以产生潜移默化的影响。第三，发挥大学生创业社团等学生组织的作用，积极开展各种学生活动，使之成为创新创业意识普及和创新创业教育的有效载体。例如，经常举办各种创业比赛、创业沙龙等，有助于增强学生对创新创业的认同感，接受各种新的观念。第四，寻求校外主体的支持，可以邀请企业家、成功的创业者和一些创业成功的校友，给学生分享创新创业的心得，分享他们的经历，从而给学生树立创新创业的榜样和典范，形成开放包容、崇尚创新、勇于实践的创新创业氛围。

（二）优化大学生创新创业能力培养环境

1. 加大政策扶持力度

学校教学和政府的政策支持是分不开的。大部分学校都是在政府教育主管部门的领导下进行的教学活动。因此，政府要积极推进对创新创业能力培养的扶持。一方面政府要分类推进，注意具体问题具体分析，把握高校发展的特殊性。相关部门要制定具有普遍性的政策方针，地方政府要在贯彻国家方针政策的基础上结合地方高校实际，制定地方性方针政策。这些都是促进大学生创新创业能力培养的良好外部环境。另一方面，各级政府在制定政策时要考虑政策的灵活性和可操作性，让高校真正感受到政策的温暖以及政府的扶持和帮助。

2. 营造支持创新创业能力培养的家庭文化环境

学生教育的第一环节应该是家庭教育，但是家庭教育往往被社会所忽略。其实家庭文化环境的好坏直接关系到学生进入学校后各种观念的积极与否，会对学生的世界观、人生观、价值观的形成产生重要影响。因此，一定要重视家庭教育。

高校要引导家长转变教育观念，因为家长对学生的影响往往具有深远持久性。家长应该先从观念上认识到创新创业能力的重要性，之后在日常交流接触中不断对学生进行强化，使得创新创业意识深深扎根于学生内心深处，让其有充分的自信投入学校的理论学习和实践实训，这是家庭教育的首要任务。如何配合学校搞好创新创业教育活动，强化精神文化的影响力是各个家庭要认真思考的问题。家长要给学生更大的发展空间，促进学生创新创业意识的形成，乃至创新创业能力的提高。

各主体只有充分发挥积极作用，将尊重创新创业发展为常态，将支持创新创业形成习惯，形成多主体密切配合、系统推进、协调合作的创新创业能力培养长效机制，大学生的创新创业能力才能得到有效提高。

（三）建立高校创新创业人才培养协同机制

1. 高校创新创业人才培养协同机制的建构

（1）校校协同育人机制

校校协同育人机制就是建构高校与高校之间的协同培养创新创业人才的机制，加强各高校之间在人才培养上的联系与互动。我国高校包括综合性大学、理工类大学和师范类大学等多种类型，各高校均具有各自的特色学科和专业，在科学研究、人才培养、社会服务以及文化创新与传承职能的实现过程和方式上存在差异性。创新创业人才的培养旨在将我国巨大的人力资源转化为智力资源，因此高校要改变以往趋同模仿的心态和办学方式，立足自身办学特色发挥异质性优势来培养学生的创新创业思维与精神，使其具备创新创业的知识和技能，拥有创新创业的理论与实践能力。通过校校协同育人机制的建构，一方面高校能够整合共享其他学校在课程教学、师资队伍、人才培养等多方面的优势资源，推动高校之间的教师互聘、学生互换、课程互选、学分互认，使创新创业人才培养更具灵活性与兼容性；另一方面，高校能够进一步挖掘自身的优势和特色，推进本校学科专业之间的交叉、融合，通过学科专业之间的协同互动，增设跨学科专业与课程，以探索培养创新创业人才的路径。

（2）校企协同育人机制

校企协同育人机制就是建构高校与企业之间的协同培养创新创业人才的机制，加强高校与企业这一创新主体在人才培养上的协同合作。高校与企业之间的协同合作，能够将双方的优势资源进行互补互促，高校可以得到来自企业的资金支持与在技术转移和科研成果应用方面的便利，而企业则可以通过与高校的协同合作共享知识创新、人才优势以及研究实验室等资源来促进自身的不断创新发展。高校与企业之间的协同合作有助于创新创业实践训练和活动的开展，使学生在实践的过程中形成创新创业意识，培养创新创业能力。校企协同育人机制的建构，能够促进高校创新创业人才的培养对接企业需求和科研技术成果转化的需要，促进高校与企业合力进行应用科学研究、实践教学课程的改革与调整，联合培养创新创业人才，这对于创客文化和创客经济的发展具有重要意义。校企协同育人能够激发学生的创新创业意识与灵感，鼓励开展落实创业项目，有助于学生自主创办“专精特新”的小微企业，加强产学研用的联系。

（3）校地协同育人机制

校地协同育人机制就是建构高校与所在区域之间的协同培养创新创业人才的机制，着重加强高校与地方政府之间的沟通与合作。高校作为区域创新的主体，社会服务职能愈加凸显，其所培养的人才对于区域经济社会发展具有重要推动作用。对于创新创业人才，不仅需要高校着力培养，而且需要地方政府进行引导支持。地方政府可以充分发挥在政策制定和引导方面的功能，使高校创新创业人才的培养对接区域战略发展和经济社会发展需求，并为人才培养提供创新创业政策上的支持以及配套上的优惠。

另外，政府还可以发挥其中介作用，协调高校与区域内各创新主体、创新要素的关系，从而推动创新创业人才的培养。校地协同育人机制的建构，能够加强高校与地方政府之间的协同互动。地方政府能为创新创业提供有利的政策支持和良好的发展环境，有助于创客文化和创业经济在本区域的扎根落地，这对于支持高校开展创新创业实践、训练以及人才培养都起到了积极的推动作用。高校能够在地方政策的引导和支持下，提高科技创新资源的开放性和利用率，实现大学科技园、创业园和孵化基地等平台的共享，建设好校外创新创业实习基地，与校内创新创业人才培养的课程教学、实践活动统一起来，共同培养出“敢为人先，敢想敢创”的创新创业人才。

（4）国际协同育人机制

国际协同育人机制就是建构我国高校与国际的协同培养创新创业人才的机制，加强我国高校与国外高校、企业以及其他创新主体在人才培养上的协同合作。创业教育在全球范围的广泛深入开展是时代发展和国家战略的必然诉求，自 20 世纪 90 年代以来，欧美、亚洲各国都积极部署创业教育以培养国家未来人才，各国形成了各具特色的创业教育体系。加强我国高校与国际的交流合作，借鉴发达国家的理论与实践经验，对我国创新创业教育体系的建构与实践具有重要意义。

目前，欧美国家已建立起了相对成熟的创业教育体系，在组织建构、课程建设、实践经验等方面的理论成果与实践经验丰富。我国高校可以通过多种形式加强与国际的交流合作，比如国外教师招聘、留学生互换计划、学分互认以及国际创业比赛等，拓展我国创新创业教育的国际视野，追踪前沿动态，提升创新创业教育的国际化水平，培养出能够站在产业发展前沿、前瞻性地预测和引领行业未来、抢占科技创新制高点的创新创业人才。

2. 高校创新创业人才培养协同机制的保障

（1）组织机构保障

组织机构是为实现共同目标而协调人力、物力和智力等多种要素和资源，并按照一定的形式和结构进行重组，有效开展相关活动的单位。对创新创业教育来说，建立有效的组织、管理、服务机构，是推进创新创业教育首先要解决的问题。创新创业教育的开展与落实并非单个机构所能承担的，因而要将创新创业教育的相关机构纳入其中，包括高校的创新创业学院和研究中心，还包括与社会建立广泛外部联系的机构，如各种孵化器和科技园、风险投资机构等，从而形成一个高等学校、社会、企业良性互动式发展的创新创业教育生态系统。

（2）资金支持保障

资金是创新创业教育资源配备和活动开展的基本保障。协同育人机制对于人才培养固然重要，但是在创新创业过程中，科研成果向应用技术转化，推向市场，形成商业产业链需要很长一段时间。将近一半的大学生因缺乏启动资金而导致创业梦搁浅的现实需要引起广泛关注。扩大资金保障来源是非常重要的，除了政府加大对高校创新创业教育和协同育人的非营利经费投入之外，还要营造对创新创业文化认同和项目投资的氛围，加大来自企业、基金会、风险投资等主体对高校的资助，建立多元化的融资渠道。

（四）健全各地区创新创业教育政策落实的监督机制

1. 完善创新创业教育政策的内容

政府颁布和实施的政策在整体和宏观的角度上为培养创新创业人才培养提供了方案，同时也对政府、高校和企业的三方联动产生了影响，加大了三者间的连接力度。全球创业观察报告的研究结果指出，“在和创业密切相关的九个结构框架中，政府政策、财务支持是最关键的因素”。政府在政策制定中起到关键的作用，必须根据现有的三方状态，不断完善关于创新创业教育的政策内容，通过明确的政策形势，突破三方的界限，加快高校、企业、政府间的合作进程，实现共赢发展。

第一，政府要及时了解社会现状，不断完善与创新创业教育相关的政策措施，并为大学生提供创新创业的有关服务。例如，创新创业资金支持、创业税收优惠、相关信息咨询、专业技能教育培训等。于法律层面而言，应加强立法保障，将关于创新创业教育的内容上升到法律层面，采取法律手段，督促地方政府切实落实，并有效执行。在创新创业资金方面，政府要想保证大学生创新创业活动的正常进行，就要给予一定的资金政策支持，例如，设立创新创业专项资金，调整对创新创业的税收政策，降低大学生创新创业的贷款利率或给予补贴，以达到减轻大学生在创新创业经济上的负担和压力的目的。在政府为创新创业提供信息咨询服务方面，应该通过行政手段颁布政策建立信息平台，用于信息的收集、整理和发布。加之日益成熟的科技手段和新媒体技术，能够让大学生在第一时间获得有用的创新创业信息。在教育的培训方面，政府应该鼓励高校与企业联合起来，通过制定有益于双方发展的政策来促进企业和高校的多边合作，这样不仅能为大学生提供实际操作的机会，而且能为高校教师提供培训的机会。在社会舆论宣传方面，政府要重视社会舆论的作用，加大对社会舆论的监管力度，从多方面入手来完善创新创业教育政策的内容。同时要通过各种形式的正面宣传，积极营造有利于创新创业的社会氛围，帮助大学生正确处理创新创业中的偏见问题，树立正确的创新创业教育价值观。在此基础上，各地政府还应该强化政策落实意识，切实将创新创业教育的政策落到实处，让其发挥真正的作用。

第二，为保证创新创业教育的有效开展和进行，政府应加强对高校、企业的政策引导，打破三者间的壁垒。高校、政府和企业是三个独立的个体，但三方又互为主体，它们都有不同的发展目标以及利益诉求，所以三方在运转过程中，很容易出现以自身利益为主的壁垒现象。政府政策的颁布和落实情况会对高校和企业的目标和方向产生影响，而在现实中三者是存在功能交叉环节的。高校是理论联系实际的最好实施者，企业是将知识转变为生产力的主要平台，政府可以通过政策的制定和实施将二者有效地连接起来，三者的这种交叉汇聚在一起能最大限度地发挥各自的优势力量，在创新创业上统一目标，积极推动创新创业教育的发展，实现政治、产业、学习和研究的结合。

2. 提高创新创业教育政策执行力

作为创新创业教育政策主要的参与者与执行者，高校和企业应进一步实施相应的政策措施。

首先，高校要逐步完善创新创业教育的有关课程体系和教学模式。在课程建设方面，要把传统的教育课程与创新创业教育课程进行合理的调配，合理设置专业课程、思想政治教育课程和创新创业教育课程的比例，不能厚此薄彼。在设置课程时要注重对大学生创新创业意识的培养。在教学方式方面，在原有的创新创业理论教学的基础上，应结合学校的实际情况，利用现有校友的资源，邀请专家或成功的企业家对大学生进行专业知识讲座或创新创业的技能培训，或者举行茶话会，让学生能够近距离地接触到企业家，请教书本中没有的知识。在教学方法方面，除了说教式教学以外，教师还可以采取其他的教育教学方式，如案例对比与分析、情境重现、师生换位等。多种多样的教学形式不仅能激发学生的学习兴趣、提高课堂趣味性，还可以激发学生的创新思维和对于创新创业的积极性。

其次，高校要加强创新创业教育的师资队伍建设。高校创新创业教育政策的制定，要以了解相关实际情况为基础，包括教师队伍的专业水平、教师的授课能力、教师与学生的契合程度以及学生对新事物的学习能力等，这些都将直接影响创新创业教育的质量。如何进行人员的合理调配，保证授课的专业性与科学性，是高校在制定创新创业教育政策时应该首先考虑的内容。从事创新创业教育的教师应该是创业或学习创业管理相关专业的高级人才，高校应该从实际出发并结合本校的办学特点，适时为创新创业教师提供专业知识和素质培训，从而提高教师的业务水平和能力。

同时，欧美各国开展创新创业教育的时间较早，有着丰富的经验，我国政府有关部门应鼓励高校与国外高校进行经验交流，学习别国的先进经验；也可以组织相关教师去国外高校实地考察交流，开阔视野；还可以组织学生进行交流与活动，扩展学生的思维方式和理论知识，从而提高大学生的创新创业实践能力。

3. 建立创新创业教育评估体系

第一，相关部门可以根据创新创业教育的总体要求和目标，逐步完善创新创业教育政策的评价体系和评估标准。在对创新创业教育进行评估时，要遵守评估的客观性和公正性，确保结果真实有效。除政府外，还应该多方合理地设置评估主体，借鉴他们的建议及对策，并及时整合意见，告别评估主体的单一性。对创新创业教育的评估应该有标准，其标准要符合创新创业教育的特点和发展规律，主要应包括效率性、效益性、公平性、回应性、执行力等方面。

第二，建立高校创新创业教育的评估体系。包括两方面的内容：一是对高校创新创业教育进行综合考量，从课程安排、培训讲座、创新创业比赛情况、科研转化成果、学生实践能力等方面出发，通过数据统计的方式进行量化研究，并根据评估结果及时调整创新创业教育体系。二是对教师进行多方面的考察，包括学术水平、科研能力及成果、专业知识与能力、教学业绩等，这种监督要以动态的方式进行，根据评估结果及时合理地调整创新创业教师的培养方案。还要建立教师反馈机制，引导教师反映教育教学中的问题，保证创新创业教育的顺利进行。建立科学有效的评估体系是推动高校开展创新创业教育的重要环节，对创新创业教育起着调节和控制发展的作用。

第六章　大学生创新创业实践

大学生自主创业是一种值得鼓励的行为，培养大学生创新创业能力的同时能够缓解就业压力。高校应将创新创业实践纳入育人流程，为大学生提供广阔的实践平台。基于此，本章针对创新创业过程中出现的典型问题进行深入探讨与分析，从主要矛盾入手寻找解决方案。本章主要分为大学生创新创业实践面临的问题、大学生创新创业实践平台的建设、大学生创新创业实践的优化途径三部分。

第一节　大学生创新创业实践面临的问题

一、大学生自身因素

（一）创新意识不足

大学生创新创业意识不足主要体现在两个方面：一方面，内生动力不足，一些大学生创业具有被迫性。就业压力越来越大，劳动力市场供需不平衡，大多时间为卖方市场，因此大学生走向社会的第一道门槛就是“就业”。这种情况下大学生把目标锁定在自主创业上，是“不情愿”的选择而并非热爱创业，通过创业实现自我价值。创业对部分大学生而言，并非最终选择，后期一旦出现更好的就业机会便会中途退出创业大军。这种被迫进行创业的形式降低了创业成功率，三天打鱼两天晒网的现象在创业实践中也较为常见。究其原因，当大学生遇到挑战和困难时，各种负面情绪就会随之而来，创业之火被现实之水浇熄也是意料之中。另一方面，大学生对创业深层次的内涵认识不足。一部分大学生认为创业就是简单的经营活动或者社会实践，并未系统掌握管理方面的知识。单靠想象力和一腔热血难以打开创业局面，不足以支撑长期发展，并且大学生的心理素质仍待提高，缺少相应的危机意识和毅力面对风云诡谲的市场。

（二）社会经验不够

选择创业方向是必须走好的第一步，大学生创业项目的设想往往会受到市场风气和自我激情的影响。大学生会因受过系统的教育，拥有更多的专业知识而显得眼高手低，出现纸上谈兵现象。没有进行充足的市场调研，对行情预估过于乐观，未产生系统的想法和步骤就急于启动投资，提出的创业规划大而无当，行事欠缺考虑。有的大学生认为创业的重点在于新奇的设想，欲以创新打动投资方，但投资方其实更看重的是创业计划中的技术含量和市场盈利程度。

二、高校创业氛围欠佳

（一）创业实践配套条件不理想

创业实践的顺利开展离不开完善的软硬件设施和优质环境的支持。虽然各大高校陆续开设了具有本校特色的创新创业教育课程，但和传统技术类课程相比，此类教育活动仍处于弱势地位。部分高校在配套设施和资金投入方面存在一定缺口，这会降低大学生的创业积极性，最终导致校园整体创业氛围不佳。即便有大学生拥有创业热情，积极投身创业实践中，但由于没有好的平台，缺乏足够的资金支持和有利的政策引导，最终导致计划受挫。

（二）创业理论教学和实践脱节

仅通过书本获取间接经验或依靠教师的讲解来化解创业难题是不够的。实践的目的在于在体验中获得认识，由认识更好地指导实践，如此循环往复，不断提升自己在创业领域的综合素质，最终形成具有个人特色的理论实践体系。

重理论轻实践也是高校创新创业的现存问题一。首先，师资问题。创新创业教育行业的教师需要具备充足的经验和专业知识，一般的授课教师是从与管理投资相关专业转型而来的，欠缺具体创业经历和管理体验，有的是接受了短期创业知识培训，其授课模式承袭理论分析，没有深厚实践素养的支撑，难以培养出具有创新创业意识的学生。其次，学校举办的一些创业实践活动基本停留在模拟竞赛阶段，没有结合具体的市场环境展开实训，说服性有待提高，学生通过简单竞赛无法系统地掌握市场运行的基本规律和流程，导致创业质量有待提高。最后，创业实践和教育需要社会环境支持，其中企业家群体是中坚支持力量。大学生缺少和实务型企业家交流的机会，没有良好的创业精神熏陶和实务指导，导致我国高校创新创业教育和实际情况脱节。

（三）创业信息服务水平有待提高

虽然很多高校都有大学生就业指导中心，企业招聘信息也比较全面，但与之相对的是，创业指导很大程度上依附于就业服务，专门的创业活动较少，校企合作也是围绕具体的就业岗位而展开的，并非开展支持创业的合作项目。如果对国家政策和市场信息的掌握度不足，没有完善的创业信息系统支持大学生对创业可行性进行精准判断，会使项目规划不符合市场需求。近年来，国家不遗余力地宣传创业政策，高校也加强了对创业指导方面的关注，但整体而言，为大学生提供创业咨询服务的水平和需求仍不相匹配。

三、资金筹集存在问题

（一）创业启动资金匮乏

创业启动资金是大学生通过外部支持获得的资金，主要由政府划拨、高校匹配、社会捐赠、亲朋好友出资等渠道获得。大学生创新创业项目的科技含量往往不高，很难获得政府有关资金投入；高校作为大学生创新创业的主要引导者和支持者，虽然近年来致力于解决大学生创业资金瓶颈，但是对大量大学生的创业项目而言只是杯水车薪；社会捐赠的钱财数量较为有限，难以支持大学生创新创业实践；亲朋好友作为与大学生关系亲密的人，可能会出资支持大学生创业，但是能提供的资金往往也较为有限。综合这几方面的实际情况来看，目前大学生创新创业实践面临着较为严重的创业启动资金匮乏问题，资金筹集不足直接限制和影响了各种创业活动。

（二）政府相关政策尚有待完善

政府在指导高校践行建设创新型国家号召的过程中需要发挥主导作用，营造良好创新创业环境，加大对大学生创新创业实践的支持力度，通过政策制定与资金划拨的方式提供有力支持和保障。但是目前政府针对大学生创新创业的相关政策并不完善，无法为大学生提供足够支持，还面临资金使用管理不规范、资金运行管理存在风险等问题，需要不断优化和完善。

（三）融资渠道有限

融资是创业资金筹集的重要渠道。不过对大学生而言，由于大学生创新创业项目往往存在投资期限长、预期风险高、投资融资渠道不畅通、信息不对称等问题，较难获得投资管理公司的青睐。而在银行创业存贷款方面，大学生创新创业资金的筹集也存在一定的难度。一些商业银行由于自身信贷政策限制，往往对项目规模小、还贷能力弱的大学生的贷款资格审批更为严格谨慎，仅有少量学生能够获得贷款资格。

（四）投资引导基金不成熟

投资引导基金是由政府、高校共同设立，旨在将社会资本引入并为大学生创新创业提供资金的基金，其主要是针对一些科技含量高、成长性好的创业项目或者大学生创办的微小企业。毫无疑问，投资引导基金的建立与运行能够在很大程度上解决大学生创新创业资金筹集不足的难题，但是由于目前引导投资基金尚不成熟，并不能充分发挥其作用，能够为大学生创新创业提供的资金支持也较为有限。

四、创新创业教师队伍不成熟

（一）创新创业教育师资队伍结构不合理

目前，我国部分高校创新创业教育师资队伍结构安排不合理，缺少专门的创新创业专职教师。另外，各高校会聘请创业者及创业成功校友作为大学生创新创业的指导教师，但是也限于来做几次讲座，不能有针对性地解决学生实际的问题，并且在课程的连续性和指导的及时性方面也存在一些问题。与此同时，创新创业教育还缺少专业教师的参与，高校教师应认识到创新创业教育是全体教师的责任。创新创业教育师资的总量也是制约高校创新创业教育发展的原因之一，我国高校缺少专任于创新创业教育的教师，师资水平不能满足目前创新创业教育的需求。

（二）创新创业教育教师缺乏实践

创新创业教育要求教师不仅具备创新创业专业理论知识，而且具备丰富的创新创业实践经验，否则教学就会成为纯理论性的教学，学生不能从中学到具有指导性的实践经验，因此不能达到创新创业的目的。目前，部分高校创新创业教育教师为兼职教师或者从其他专业教师转型而来，他们之中的大部分没有创新创业的经历。与此同时，教师的创业机会并不多，一些高校的运行经费本身有限，投入创新创业教育的经费就会更少，教师缺乏外出实践的经费支持。

因此，部分创新创业教育教师缺乏创业经验，对于企业的运营管理也了解甚少，出现重理论、轻实践的现象，照本宣科地向学生讲授理论知识，并不能带领学生学习更具现实性的创新创业的相关技能。

（三）部分教师对创新创业教育存在偏见

教师作为学生创新创业意识的启发者，首先要对创新创业教育有全面而深刻的认识。但是，有些专业教师对创新创业教育的认识和理解不到位。比如，在思想上有抵触，认为大学生就是应该学好专业知识，在校期间就开始创新创业会耽误学业，影响毕业找份好工作，政府和学校深化创新创业改革只是为了缓解就业难等问题，并不具有实际的长远效果；或者认为创新创业教育是专门从事其教育工作的教师的职责，与专业教师没有多大关系，参与度不够。由于认识上存在误区，创新创业教育并没有融入教育教学的全过程，教育效果不明显。此外，创新创业教育对教师的要求较高，即使教师投入精力，取得的效果也不一定明显，并且因为政策机制有待完善、教师职称晋升不明确等，打击了教师的积极性，阻碍了创新创业教育的发展。

第二节　大学生创新创业实践平台的建设

一、大学生创新创业实践平台建设现状

（一）对创新创业实践平台的认识不够

目前虽然高校十分重视大学生创新创业教育，并加大了资金投入，但在支持大学生开展创新创业训练、建设实践平台等方面没有引起足够的重视，对实践平台缺乏整体规划和系统建设工作，主动服务大学生创新创业的意识有待加强。

（二）创新创业实践平台的特色不明显

在创新创业实践平台建设方面，各高校建设了不少创新创业实践平台、创业实训室和创业基地，然而实践平台同质化问题较为突出。各高校层次不同、类型各异、区位有别，在建设创新创业实践平台上不能照搬、复制。高校应考虑学校特色和学生群体差异化，不盲目效仿，要根据本校实际情况，选择适合本校的创新创业教育发展道路。

（三）校地企缺乏深度合作，合作机制运行不顺畅

高校在地方政府调控帮扶、校企合作创新和大学生创业实践共建大学生创新创业实践平台的过程中，打破了高校以往封闭独立的状态，但在协调配合中仍存在一些弊端，工作推诿扯皮的现象时有发生，政府和企业的协调帮扶作用不够明

显。在实际工作中，校地企合作还受很多不确定因素的干扰，在政策解读和执行上步调有待统一，缺乏合理性的配合，较难平衡各方的利益，合作效果不是很理想。在创新创业实践平台建设的过程中，服务于区域经济社会发展的应用型人才培养需要合作各方共同参与、通力合作，建立良好的沟通渠道，才能使校地企合作机制运行顺畅。

二、大学生创新创业实践平台建设的重要性

（一）是高校创新创业教育体系的重要组成部分

大学生创新创业教育是一个系统工程，不仅具有较强的理论性，还具有实践性。创新创业教育本质上属于实践教育，如果缺乏实践，创新创业教育就只能停留在认识层面，难以达到创新创业教育的真正目的。

（二）是开展创新创业活动的有效载体

创业教育、创业训练和创业实战是创新创业教育的三个阶段，是一个连续的整体，创新创业实践平台是开展创新创业活动的有效载体和联结三个阶段的重要纽带。开展创业训练、创新创业竞赛或创业模拟活动等，能够让学生体验创业过程，组建创业团队，参加创业实战，面向市场，锻炼创新创业能力。大学生创新创业实践平台的建设，有利于培养学生的创新创业意识，激发其创新创业潜能，提高其核心竞争力。

（三）对创新创业型人才培养具有重要作用

高校结合现有的实践教学资源，在相关政策和经费支持下，建设一个面向全体本科生和研究生的创新创业实践平台，为大学生参与科研和创新创业活动提供了基础条件。创新创业实践平台的建设对于转变教育理念，改革教育模式，培养创业意识，激发创业潜能，为国家创新驱动发展战略培养更多创新创业型人才具有极其重要的意义。

三、大学生创新创业实践平台建设的条件

（一）大学生创新创业实践平台的硬件要求

大学生创新创业实践平台是一个可以帮助大学生进行创新创业实践练习的平台。这一平台的建设需要满足一些硬件要求，包括基础设施、仪器设备、信息平台。

1. 基础设施

大学生创新创业实践平台的基础设施，是指必要的、能够最低限度满足大学生创新创业需求的场所和设施，一般包括创新创业实践基地以及一些进行创新创业的必要设施。建设基础创新创业实践基地的高校同没有建设基础创新创业实践基地的高校相比，学生的创新创业热情更高，并且具备更高的创新创业主动性，对于自主创业有着更强的意愿。

2. 仪器设备

仪器设备能够更好地辅助大学生进行创新创业活动。仪器设备作为创新创业实践平台建设的重要组成部分，对大学生创新创业工作效率的提升和积极性的增强都有一定的有利影响。信息技术日新月异，先进的仪器设备能够在一定程度上激发大学生创新创业者的积极性，提升其动手实践能力和综合素质，实现创新创业者与社会发展的同步进行。

3. 信息平台

创新创业实践平台的建设离不开互联网的帮助以及信息技术的支持。2020 年 4 月 28 日，中国互联网络信息中心（China Internet Network Information Center，CNNIC）发布第 45 次《中国互联网络发展状况统计报告》（以下简称《报告》）。《报告》显示，截至 2020 年 3 月，我国网民规模为 9.04 亿，互联网普及率达 64.5%。可见，在信息时代背景下，互联网普及率大大提高，人们获取信息的途径、场所、时间、效率大大改善，信息平台的作用愈发凸显。只有通过信息技术将信息平台网络化、线上化，才能不断拓展信息平台的受众范围，让更多的大学生知道并了解信息平台中的内容，拓宽创新创业的受众、资金来源。例如，清华大学早在 2002 年就开始在互联网上建设信息平台，构建创新创业实践中心平台，以供那些想要进行创新创业的学生开展创业创新活动，有效缓解了大学生的就业压力。

（二）大学生创新创业实践平台建设支持

1. 平台机制

对国家来讲，大学生创新创业实践平台的建设是一项非常有利的项目。

一方面，大学生创新创业实践平台的建设对于培养我国大学生的创新创业精神具有推动作用，能够提升我国高校毕业生的综合素质，为我国培养更多有能力、有创新精神、有实践经验的人才，构建中国特色社会主义的人才精英库。

另一方面，大学生创新创业实践平台的建设可以推动我国基础行业的发展，必要的创新能够为我国的发展提供持久有力的动力，积极创业能够缓解我国的就业压力，也能够适量地创造一些就业机会，为我国的社会稳定助力。大学生创新创业实践平台虽然没有实体形态，但是对于培养大学生群体的创新创业精神有着不可替代的作用，能够发挥出强大的力量。

2. 政策支持

大学生创新创业实践平台的建设只有得到政府的肯定，才能够长久地发展。大学生创新创业实践是我国政府大力推行的一项工作，政府还制定了一定的鼓励机制，积极推动创新创业工作的开展。例如，政府对于进行创新创业的大学生实行减免税收、降低税率、开通服务绿色通道等措施，为其创新创业活动提供便利。

3. 法律保护

当前，高校非法学专业的学生仅在思政课堂上和选修课程上能够习得法律知识，对于创业方面的法律知识了解得不多，这在一定程度上也会阻碍创新创业活动的开展，因此需要相关机构为大学生创新创业提供一些公益性的法律支持。

另外，我国已经逐步开始为大学生创新创业进行法律意义上的保护。大学生的创业工作和创新项目受到法律保护，可以让大学生没有后顾之忧，全身心地投入工作，更出色地完成自己的成果。

4. 社会文化基础氛围

良好的社会氛围和社会风气对人们具有非常重要的积极影响。当大学生认为参加创新创业实践是自己的责任、是自己应该经历的历练时，就会有更多的人才脱颖而出，也能让更多人认可和了解创新创业实践的重要性，逐渐形成良好的社会风气，让越来越多的人接受大学生参加创新创业实践活动。

高校应通过不断引导，逐步营造大学生创新创业氛围，使创新创业成为社会习惯，改变目前大学生、学生家长、高校教师、社会人士的认知。因为只有这些人充分认可创新创业，才能促进大学生更好地参与到创新创业实践活动中，才能提升大学生的实践能力，充分发挥大学生的实力。

四、大学生创新创业实践平台的构建

（一）实践教学平台

1. 实践教学平台建设的意义

加强大学生创新创业实践教学平台建设，具有以下几方面的重要意义。

（1）有利于提高高校服务经济的能力

我国高等教育应主动顺应时代发展趋势，开展创新创业教育，为推动我国经济结构转型发展，培养具有创新创业能力的高素质人才。加强大学生创新创业实践教学平台建设，提高学生的综合素质，满足社会经济发展需求，有利于提高高校为经济建设发展服务的能力。

（2）有利于提高创新创业教育实践教学效果

我国高校长期以来重视理论教学，创新创业教育发展时间较短，更多借鉴发达国家的教学理论和教学经验，对实践教学的认识不足，导致大学生创新创业实践能力有待提高。加强大学生创新创业实践教学平台建设，能够培养大学生的创新创业技能，提高创新创业教育实践教学效果。

（3）有利于创新创业教育理论的发展

当前，高校传统的创新创业纯理论教育已不能满足新时代社会发展需求。加强大学生创新创业实践教学平台建设，需加快创新创业教育理论与实践的育人进程，促进专业教育与创新创业教育的结合，培养符合新时代社会发展需求的创新创业人才。

2. 加强实践教学平台建设的途径

加强大学生创新创业实践教学平台建设，可从以下四个方面着手。

（1）加强校内外创新创业实践教学基地建设

创新创业实践教学平台既包括校内的创新创业教学实验室、实训基地，也包括校外的大学生创新创业孵化基地、校企合作教育基地等实践教学基地。学校要加大对校内创新创业实验室、实训基地的建设力度，引进相关设备提高创新创业教育效果；开展模拟教学活动，提高学生的实践能力和实践经验。学校还应加强对校外实训基地的建设，加强与社会力量的合作，利用校外实践教学基地开展大学生创新创业实践教学。

（2）健全大学生创新创业实践教学体系

一要优化创新创业实践教学课程结构，增加校外创新创业实践教学比重，在实践教学中发挥学生的主体作用，引导学生积极开展实践活动，培养学生的创新创业意识和实践操作能力。

二要为大学生创新创业活动提供支持，不仅要开展培养学生创新创业能力的相关训练，而且要为学生的真实创新创业活动提供信息、资金、技术、场地等方面的支持。

三要加强大学生论文质量管理。学校要制定科学的论文检查标准，对大学生创新创业相关论文进行严格把关，促进大学生深入社会，加深对现实的了解，通过对论文质量的要求，提升大学生的创新创业能力。

（3）加强对创新创业教育活动的管理

学校应按照人才培养目标制订创新创业实践教学方案，并构建相应的管理体系，实现对实践教学的全方位管理。同时，学校还应与相关合作单位联合制定校外实践教学管理制度，以此促进大学生创新创业实践教学的有效进行。

（4）加强与企业的合作，加大对创新创业教育的投入

大学生创新创业教育需要高校加强与校外企业的合作，充分利用企业资金、设备等优势，加大创新创业实践教学基地建设力度，为学生营造真实的创新创业环境，提升大学生的创新创业能力，促进创新创业成果的转化，为经济建设与社会发展服务。

（二）创新创业教育在线开放课程平台

1. 在线开放课程应用于创新创业教育的必然性

（1）课程竞争性衍生市场效应

在创新创业教育中应用在线开放课程，可综合教育主管部门、教师及广大学生对创新创业教育课程的直观评价。其中，评价高的课程将被广为推广，甚至赢得同行的好评，促使学校知名度大增，而评价低的课程将面临淘汰，这种优胜劣汰的市场化运作有助于加大各大院校对创新创业教育课程的重视度，鼓励其加快研发高质量的创新创业教育在线开放课程、推进网络平台建设，从而使课程竞争性所衍生的市场效应成为推动创新创业教育在线开放课程建设的重要驱动力。

（2）课程共享性消解资源差异

在线开放课程的共享性使创新创业教育活动成功摆脱了时间、空间、个人知识孤岛的局限性，消解了不同区域、不同层次高校的创新创业教育资源差异，使学生摆脱了传统教材学习与课堂灌输的被动学习模式，也使因材施教、因人施教

模式成为主流，学生创新创业发展、就业指导更具针对性、科学性。在线开放课程的应用使创新创业教育已然突破了现有的教学模式，促使其逐步朝着教学资源开放化、学生学习个性化、学习过程社会化的方向转变。

（3）课程规模性丰富创新创业内容

针对部分高校创新创业教育课程体系不健全等问题，要规范和丰富创新创业教育课程内容必须借鉴国内外先进经验，而在线开放课程汇集了来自全世界高校的海量创新创业教育课程，为高校创新创业教育课程内容建设提供了丰富的借鉴。值得注意的是，利用在线开放课程丰富创新创业教育课程内容时，需要结合高校办学特色，仔细研究创新创业教育特点，在面对规模化的课程门类与内容时，切忌将目光一味局限于国外名校，而是要重点借鉴相同层次、类型的国内院校的优秀实践经验，确保创新创业教育课程内容更具适应性。

（4）课程普惠性倡导教育公平

在线开放课程具有一定的公益性特征，其往往面向社会全面开放，并集聚多方优质课程资源，提供较为全面的在线学习服务，满足广大学习者的终身学习需求，这种普惠性也避免了因资源局限而使创新创业教育沦为少数学生的“专利”。因此，高校应鼓励创新创业教育活动惠及全体学生，并为高校教师、技术工作者开展课程建设、课程应用及大数据分析应用等提供教育培训。在线开放课程有效解决了创新创业教育资源不足等问题，拓展了优质创新创业教育资源的受益面，促进了创新创业教育的公平与公正。

2. 创新创业教育在线开放课程平台的建设路径

在建设创新创业教育在线开放课程平台前，需要明确为谁建设、有何目标、如何建设三个问题。其中，平台面向的服务对象主要是本校学生，特别是已创业、正在进行创新创业实践或对创业感兴趣的学生。作为一个具有开放性、普惠性的平台，还需面向校友及广大社会公众，特别是有意开展创新创业的实践者。该平台不仅致力于提供创新创业教育课程学习服务，还应兼具学习过程管理、监控、考评等功能，并可以利用平台捕捉学生学习实践、作业提交情况、评价过程、参与讨论等大数据，掌握学生的学习情况，使之作为课程考评、证书发放、学分认定的主要依据。关于平台如何建设，是下文的主要论述内容。

（1）技术架构搭建

平台技术架构的搭建需要借助云计算、物联网、嵌入式、加密算法等技术的支持，结合创新创业教育的特征及要求，将教、学、研、管与教育资源深度融合，实现互通互联、高效协作，并借助智能感知环境与信息服务平台，实现创新创业教育与技术平台的对接。创新创业教育在线开放课程平台主要包括三层内容：一是技术层，主要涉及信息安全与系统性能、软硬件、兼容与整合等；二是系统管理层，主要包括创新创业教育课程设计、教学设计、测试评分、学生跟踪、权限设置等；三是学习管理层，涉及导航检索、文件传送、讨论互动、自评互评等。

虽然已有不少在线开放课程平台能够将教学平台、在线课程与学习课件有机融合，实现学生跟踪与自动评分，但由于其权限设置、分组学习、课程设计管理、教师评分等功能薄弱，平台应用效果不佳。要想解决此类问题，必须增加如下功能模块：一是学员身份认证与权限设置。平台可借鉴相关平台提供访客浏览课程的功能，并为不同学员设置不同的权限，实现平台与数字校园的兼容。平台要提供两个入口，使在校学生、社会公众分别进入不同学习界面接受创新创业教育。二是课程设计管理及文件交流。平台可参考相关平台提供的课程设计模板，增加易于操作的课程管理与文件交流功能模块。三是教师评价。传统在线开放课程平台多提供学生自评、互评、机评等模块，但缺乏教师评价功能，因此，需增加该模块以强化对大学生创新创业教育的监管。

（2）课程体系建设

结合创新创业教育的特征以及各地教育水平的差异等情况，课程体系建设需要在创新创业人才培养方案的指导下，从基础普及、技能提升、实践实训三个阶段出发，兼顾系统性、层次性、实践性，形成有机衔接的进阶式课程体系，并结合课程教材的一体化建设，全方位助力高校创新创业教育。

第一，在线开放课程设计。创新创业教育在线开放课程设计要结合我国创业趋势及高校学生特点，以培育学生的创新思维、创业素质以及解决创业各阶段常见问题为重点，依循课程结构化、资源颗粒化的原则，构建三大课程模块。一是创新创业意识激发，该模块课程包括“创新创业基础”“工商管理基础”“创业经验分享”等，负责向学生介绍创业基础知识，激发其创业意识；二是创业能力训练，该模块课程包括“市场调研与预测”“商业模式创新”“新创企业组织管理”等，负责为学生解答创业常见问题，培养学生的创业能力；三是创业实践操作，该模块课程涉及“企业战略规划”“企业财务与风险投资”“内部创业”等，负责为学生解答创业实务问题，提高学生的经营管理能力。三大课程模块将创新创业案例点拨与创新创业理论讲授有机结合，通过高清视频、动画、微课等教学资源生动讲解创新创业知识，使学生主动适应社会发展需求，为创新创业筑牢根基。以创新创业实务课程为例，其主要涉及课程标准、教学日志、微课、视频、课件、讨论测试、案例作业等资源，并支持SPOC（小规模限制性在线课程）转化，为学校创新创业教育提供了个性化课程体系。

第二，创新创业教材设计。创新创业教材设计包括两大环节：一是立体教材设计，针对创新创业教育课程内容多、实操性强、需要结合大赛、市场不断更新等特点，必须设计以纸质教材为主体，以配套教学资源、服务为手段的立体教材，以适应创新创业教育的实际需要。从立体教材结构来看，要合理规划建成个性化选择、互动型在线教学资源与服务体系；从内容来看，要涵盖创业课堂视频、微课、教案课件、创业教学经典案例、自测（考试）软件、移动实战大赛学习软件等；从外在形式来看，要呈现主教材、辅教材、移动App、配套电子资料（电子资料库）、创业大赛路演资源等；从服务对象来看，要为教师提供教学参考相关资料，给学生提供个性化的移动学习指导资料。二是立体教材与课程内容的对接，需要应用二维码链接技术实现这一目的，学生通过扫描教材封面的课程二维码，即可登录平台，迅速了解创新创业教育课程框架，以及对应教材的知识结构。不仅如此，教材二维码还提供了延伸内容与知识点，有效节约了课本版面。抽象的技能与平台视频类的微课、文本类的情景案例及专题实训精准衔接，有效提升了创新创业教育的实效性，结合交互式测验二维码，实现了随扫随练，使教材更生动、立体、有趣味。

第三，课程教材一体化建设。课程与教材的一体化建设是组稿环节的重要内容，需要结合学生的认知规律、知识层次等，遵循适度、够用的基本原则，在平台建设之初统筹考虑数字资源与教学内容，实现在线课程研发与教材编制的一体化、数字资源建设与教学内容设计的一体化、教学与自学过程的一体化，使创新创业教育由传统的课堂灌输式教学转变为课前自学、课上提问、教师答疑的互动式教学，促进教学流程的优化以及教学效率的提升。

（三）创业孵化平台

1.创业孵化平台建设的意义

第一，大学生创业孵化平台培养了一批又一批创新型人才，为国家提供了宝贵的财富。在我国高校竞争激烈的环境下，高校利用创业孵化平台为大学生创业提供了很多机会和保障，大学生通过该平台获得了重要的创业经验，同时由于创业压力相对较小，激发了不少大学生的创业欲望，极大地提高了他们的创新能力。

第二，大学生创业孵化平台加速了微小企业的增长，研究数据表明，近些年来我国的微小企业呈爆发式增长，其中大学生为主力军，这一切都得益于大学孵化平台的建设。一般而言，大学生创业孵化平台能够将资金技术等一系列资源整合在一起，为微小企业提供简洁有用的资源，减少企业的盲目投资，为企业的发展提供了诸多的便利，加速了微小企业的发展。除此之外，大学生创业孵化平台还是产教融合的表现。

2. 创业孵化平台建设的途径

（1）国家加大对大学生创业孵化平台的扶持力度

针对大学生创业孵化平台建设中资金不足这一问题，国家应该优化政策，加大对大学生创业孵化平台的扶持力度。首先国家可以对成绩优异的学生采取补贴政策，每年补贴该类大学生一笔创业资金，这样可以提高大学生的竞争能力和创业的积极性。不仅如此，国家可以低价租赁给大学生一些创业场地，降低大学生额外的创业支出，减小大学生创业的压力，给予大学生完善的基础设施设备，给大学生创业提供良好的创业环境。同时政府还可以给予大学生创业孵化平台一些资金用来宣传教育，购置创业设备供大学生使用，进一步降低大学生的创业门槛。但是要注意的是，在这样的政策背景下，资金的消耗是非常大的，难免会有贪污、资金浪费、大学生拿钱不作为等不良现象的出现，因此政府部门要加强对大学生创业孵化平台的监管，定期查看每一笔资金流水，指派政府人员检查大学生的创业情况，对于那些不作为、绩效不达标的大学生不再提供政策帮助。

（2）以学生为本，提高学生的自主创业能力

高校要明白每一个学生都是一个独立的个体，他们各有所长，因此在组织学生进行创业时不能采用死板单一的标准，应该根据学生自身的特长与性格，成立相应的专业社团组织，与创客联盟企业挂钩。高校应为每一个团队都提供专业的师资力量，引导学生的创新创业活动，作为学生的创业顾问，解答他们在创业过程中的疑难问题，降低大学生犯错误的概率。此外，学校可以举办相应的创业大赛，参赛成员为每年积极参加创业组织的大学生，考核标准为大学生所创立企业的当年业绩，对于优胜者给予一定的资金奖励，以此提高大学生的创业积极性。

（3）建立“一个核心，三个支持”政策体系

政策体系是大学生创业孵化平台建设的基础，在进行创业孵化平台建设时，建立合理的政策体系是非常重要的一个环节。“一个核心”是指政策的制定以大学生的创新能力与创新孵化为核心，“三个支持”是指政府支持、高校支持以及

企业支持。在政府支持的环节中，政府部门应该制定相应的法律法规与政策，投入资金采购创业的基础设施设备供大学生使用，减少大学生的创业壁垒，对大学生创业进行高效的、有针对性的教育和扶持。高校支持方面主要表现为设立专门的考核标准，强化学生创业的基础理论知识，安排实习期，帮助大学生向创业领域过渡，加大对设备的资金投入，给予大学生更好的学习环境，在保证学生正常学习的同时兼顾大学生创业实践活动的顺利开展。企业支持方面，相关企业应为高校学生提供相应的支持，与高校签订合约，定期组织大学生到本企业进行研究学习。

第三节　大学生创新创业实践的优化途径

一、优化大学生创新创业实践课程

（一）建立完善的创新创业实践课程体系

首先，从教师的教育能力出发，加强师资队伍建设。通过校企合作模式组建“双师型”教师队伍，发挥校内教师的理论知识水平和校外教师的专业实践水平，与社会发展实际紧密结合，确保创新创业知识创新化、实践化。

其次，从教学模式出发，以创新创业项目为导向，构建任务驱动教学模式。在项目实践中，教师要根据项目的复杂程度和学生的学习能力、专业背景，有针对性地分配任务，也可以交由学生自主组建项目团队。这种项目式教学方法，能够有效培养学生的团队协作能力，让学生运用专业知识解决项目问题。

最后，从教学平台出发，基于云平台，构建精品在线课程。改变既有的创新创业实践教学方法和组织方法，尊重学生的主体地位，培养其创新创业学习积极性，并开设精品在线课程，应用网络平台提供的多种教育方式，推动优质教育资源共享，最大限度地满足学生的多元化学习需求。

（二）开展基于校企合作的创新创业实践教学

高校开展创新创业实践课程需要以校企合作为纽带，建设校外实训基地，为学生提供就业实习和创新创业的实践平台，在增强学生实践能力的同时，为企业输送应用型、创新型人才。校企要共同建设创新创业实践基地，为学生提供专业学习、技能培训、顶岗实习等机会，让学生在企业实践中提升自身专业能力和创新创业能力。高校要聘请具有丰富创新创业经验的专业人士来校讲座，将企业经验与创新创业教育相结合，以增强实践教学成效。

二、优化大学生创新创业激励机制

（一）优化创新创业激励机制应遵守的原则

1. 重视对创新创业理念的宣传，展现激励的价值

高校要通过开设职业生涯创业规划、就业创业指导等系列课程和讲座向大学生灌输创新创业的理念，用专业化与科学化的手段帮助学生提高创新能力，让学生在创业中顺利地将知识技能转化为行动力；同时，在面对不同专业的大学生时，高校要根据其专业的突出特点实施激励手段，引导学生积极参与创业实践。

2. 根据学生的专业背景挖掘其创业优势

高校要深入创业学生群体，充分了解每一名参与创业的在校学生究竟有什么特点与潜力，深度挖掘其个人优势，使其在知识转化中最大限度地发挥个人能力，不断增强其创业项目的可行性。与此同时，高校还要将创新创业激励手段与课程教育紧密结合起来，让创新创业教育全方位地融入在校学生的生活，以保证创新创业活动的完整性与时效性。

3. 通过激励制度增加学生参与创业实践的机会

高校应紧紧围绕创业实践活动，将大学生创新创业孵化基地当作根据地，鼓励在校学生自带项目进入基地学习，并给予合理的资金支持与技术指导，引领在校学生系统了解创新创业相关知识，帮助其突破项目发展的瓶颈，使其在学习中得到实际的收获。

（二）优化创新创业激励机制的思路

第一，高校在设定创新创业激励机制的目标时，要看重学生意识的养成、专业知识的转化能力以及经验的获得。首先，意识是行动的出发点，如果大学生在创新创业学习中没有产生持续创业的精神，或是不具备持续创新的意识，那么其在后续的创业实践中很容易半途而废。其次，专业知识的转化能力是大学生产生创新创业动力的根本保障，也是其设计创业项目与规划创业的支撑点。最后，创业经验是保障大学生创业成功的要素，拥有丰富创业经验的在校学生能够更快地投入创业实践。总的来说，高校在建立创新创业激励机制时必须维护好大学生的创业热情，帮助其不断提升创业技能并积累经验。

第二，高校在安排激励机制的内容时，一定要细化激励政策，优化激励方式。首先，高校要丰富激励方式，增加激励内容。在将精神与物质奖励充分结合的基

础上，不断丰富激励方式，给予创业者多元支持。这类支持既可以包括传统的学分奖励、奖学金奖励、就业推荐机会与公开表彰等，还可以包括创业大赛参赛机会、创业项目推荐等，以激励学生充分发挥自身的创新潜能，在比赛中锻炼自我，树立良性竞争意识。同时，高校要在教育者群体中设立一定的激励机制，对在创新创业指导工作中表现突出的指导教师颁发特定奖项，或在绩效考核与职称评定上给予奖励。其次，高校要最大限度地保护大学生的创业成果。

（三）优化创新创业激励机制的措施

1. 高校要多方合作搭建大学生创新创业激励平台

首先，高校要通过与政府、企业的深度合作，以政策、制度的形式，引导大学生树立正确的创新创业价值理念，为大学生创业群体提供必要的创业资源。为达成这一目标，高校应在校园中多组织一些相关政策的宣传活动，让在校学生能够了解国家与地方出台的扶持政策，同时定期邀请创业成功人士或是有创业经验的校友来校进行专题讲座，让在校学生与创业成功人士展开交流，以增强其对创业的向往。借助政府对创新创业活动给予的帮助与支持，高校可以指导学生利用优惠政策完善自己的创业项目，以及申请创业资金。

其次，高校要加大与社会企业的合作力度，使学生在创业学习中有更多机会接触创业实践，让企业对在校学生进行专业化指导，解决学生在创业设计上的诸多问题，大幅度提升学生创业成功的概率。

最后，高校不仅要鼓励在校学生参与社会中的创业技能比赛，而且要积极在本校开展创业竞赛，以提升学生研发项目以及创新技术的能力。

2. 高校在制定激励制度时要注重奖惩并举

公平、合理的激励制度能够显著提升在校学生的创业热情，也是提高其创业学习动力的重要方法。因此，高校可以通过校内网等发布优秀创业案例或优秀创业者的个人事迹，让学生在精神松懈或者丧失信心的时候能够及时得到精神鼓舞，从而勇敢地克服创业路上的困难。同时，高校在指导在校学生进行创新创业时，不能只有激励没有惩罚，一定要奖惩并举。具体做法为，高校定期审核每一名创业者的进度与成果，对那些在创业学习中态度不端正、逃避创业实践活动的学生按规定施以惩罚，惩罚的方式可以是通报批评、校内警告、延期毕业等。

三、优化大学生创新创业资金筹集方式

（一）完善大学生创新创业无息贷款支持体系

无息贷款能够有效缓解大学生的创业压力，激发大学生的创业热情，同时能够为大学生提供充足的资金支持，推动整个社会的进步和发展。在完善大学生创新创业无息贷款支持体系时，一定要不断进行摸索和优化，规范投资引导资金的使用管理，充分保障资金的有效性与安全性，加大相应的资金运行风险防范和管控，确保无息贷款能够真正为广大大学生创新创业提供可靠的资金支持。地方政府需要通过相应的评测机制对该体系的运行实践情况进行准确反映，从而判断其实践成果，发现运行实践中存在的种种问题并加以改善，最大限度地发挥无息贷款支持体系的作用。目前较为常用的评测机制有两种：一是计数法评测机制，其能够直接通过各企业提交的审计报告展开评测，从而掌握企业偿还能力，确保引导资金使用管理足够安全、有效和规范，对相应的风险进行有效防控。不过该评测机制的参考指标单一，容易导致专项资金结余滞压。二是评分法测评机制，其能够对企业进行多方测评，防止资金结余。不过该机制也有着缺乏额度限制，无法保障引导资金使用管理安全的问题。因而在实践中，需要对这两种评测机制加以结合，更好地支持无息贷款支持体系的发展，为大学生创新创业资金筹集问题提供行之有效的解决路径。

（二）加大金融支持大学生创业力度

目前，大学生创新创业贷款面临着全国性商业银行二级分行业务权限受限制、贷款违约风险较高、贷款管理成本较高、借款人资质难认定、部分学生无法提供抵押物作为担保、难以直接将大学生列入小额担保贷款政策支持对象等难题，导致大学生创新创业难以获得足够融资。对此，可以通过加大金融支持力度的方式，为大学生创新创业资金筹集问题提供可行解法。各地商业银行应当高度重视大学生创业金融支持工作，积极开展相关业务、完善相关管理法与操作细则，因地制宜地为大学生提供有利的贷款优惠条件。在此基础上，可以尝试对小额担保贷款政策进行适当调整，通过扩大政策覆盖面、针对大学生创新创业需求适当提高贷款额度、提供浮动贷款利率等方式，让该政策逐步发展成面向更多人群的商业化个人创业贷款政策，缓解大学生创新创业资金筹集难的现状。地方银行还应当积极加大高校金融支持宣传力度，组织专家深入高校为广大学生讲解更为专业化的知识和内容，帮助大学生深度了解创业融资与财务相关内容。另外，政府还可以

加大对拓宽财政资金使用渠道、建设“信用社区”等的探索力度，调动金融机构加大对大学生创新创业的支持力度，打造集金融知识培训、创业项目信用培育、贷款扶持、创新创业实践等为一体的金融支持创业系统工程。

（三）鼓励风险投资

大学生创新创业项目难以获得风险投资基金公司的青睐和支持，主要原因是项目规模小、科技含量不高、大学生缺乏创业经验、提供的创业计划书缺乏特色和吸引力等。对此，要想让大学生创新创业项目获得风险投资基金公司的青睐，需要同时从大学生和公司两方面鼓励风险投资。实际上，纵观大学生创业经历，盖茨创立微软、杨致远创立雅虎均是其中的成功典范，也是大学生创新创业项目获得风险投资基金公司投资的典型事例，从这两个事例中均能发现大学生自身和风险投资基金公司在风险投资方面所做出的努力。风险投资基金公司可以重点搜索重点研究型大学、重点科研机构、重点科技园区、有潜质的民营科技企业，围绕市场拓展潜力、创业者素质、企业知识产权、技术、利润成长点、融资规模、商务计划等方面，优选合适的大学生创新创业项目进行投资。而大学生则需要选择专业投资经验丰富、投融资能力强、资本市场信誉好、非资本资源丰富的风险投资基金公司展开合作，而且应当积极借助如市场调查、咨询评估、会计师、律师等专业中介咨询机构的力量，提高选择效率。大学生在与投资者进行投资项目谈判时，也需要做好准备，在高校的支持下准确分析形势，制作高水平的创业计划书，确保相关材料齐全，尽可能地获得投资，实现双赢。

（四）完善大学生创新创业投资引导基金的设立与管理

大学生创新创业投资引导基金是为相应的项目提供资金的主要渠道，需要对其进行科学、合理构建，同时优化其运行管理，确保其能够有效发挥作用。政府、高校、投资管理公司应加强合作，协同设立大学生创新创业投资引导基金，从而为大学生提供充足创业资金的同时解决三方在创业支持方面的问题。以地方政府为主导，重点围绕高校财政教育资金和科技三项费用资金形成最基础的大学生创新创业投资引导资金，并引入创业投资管理公司，打造相应的大学生创新创业孵化基地，支持各项具有发展潜力的项目发展。在基金的管理方面，需要设置创新创业培训实习基金、创新创业种子孵化基金、风投共同基金，为大学生创新创业项目的不同阶段提供相应的资金支持。其中创新创业培训实习基金主要是针对一些具有潜力的项目提供基础资金，并配合绿色通道、创业沙龙、创业政策解读等进行有效扶持，旨在提高学生的创业综合素养，并进一步挖掘项目潜力。创新创业种子孵化基金则旨在为具有发展前景的项目提供资金支持，同时配合社会专业投资企业等对大学生创业企业进行扶植，支持创业企业成长发展。而风投共同基金则主要由社会专业投资企业管理，以市场化、商业化的方式引导大学生创业企业逐步发展壮大。

四、引导大学生利用微信公众平台进行创新创业实践

（一）高校指导，长远规划

部分大学生对创新创业缺乏整体思路和长远规划，因此高校在微信公众平台建设之初的指导作用不可或缺。首先，需要帮助学生明确创业方向。无论是传统创业，还是利用微信公众平台进行创新创业，归根结底都是鼓励大学生拓展就业渠道，因此，高校首先需要就创业方向、内容、风险、运营方式等方面的内容对学生进行指导，与学生共同提出可行的创业规划。其次，为学生提供多种技术指导。高校需针对微信公众平台的搭建、运营技术等，提供权威、系统的技术指导，如平台建设流程、信息推送方式、日常内容规划等。最后，有针对性地指导微信公众平台的建设。每位学生选择的创业方向不同，有的选择电商类，有的选择媒体推广类，不同方向在运用微信公众平台进行推广时的关键点也不同，高校需分开指导，有的放矢。

（二）建设平台，明确定位

在学校系统性的指导下，大学生要想搭建好自己的创新创业微信公众平台，首先要明确平台建设的定位。有的学生想要加入电商行业，有的只是想发挥自己的创作专长，打造一个阅读量超 10 万的公众号。因此，在创建微信公众号时，学生需根据自身的兴趣、专长做好平台定位。定位之后，需要对目标用户进行有针对性的调研，了解他们的兴趣点、阅读习惯等，并根据调研结果设计公众号的各个栏目，以及每个栏目下子栏目的具体内容。需要特别指出的是，平台建设是一项长期的工作，需要极大的热情和耐心，并不是一朝一夕便可达成的，只有精心运营，创新调整，才能打造真正可持续发展的微信公众号。

（三）合理宣传，有效增加粉丝数量

通过微信公众号进行创业不同于普通营销宣传，需要在短期内快速增加粉丝数量，提高用户基量，而不是慢慢培养用户。这就要求大学生掌握好度，既不能“佛系”地等待粉丝自己前来，也要避免靠地铁站扫码关注的方式吸引用户，这样不仅不能达到预期效果，还可能引起用户反感。因此，可采取如下方式提升关注度。

第一，与已经成熟的创业号进行互推，让对方账号为自己的公众号增加粉丝数量。这需要找准平台，谈好合作，很多已经成形的创业号都愿意扶持新的公众号，一方面出于对大学生创业的支持，另一方面能够为自己的账号带来流量。因此，大学生需要拿出有吸引力的内容，与成熟的公众号的创办者进行洽谈，互推涨粉。

第二，拓宽推广渠道，不局限在公众号本身。可适当采用百度词条、知乎问答等费用较少的平台对公众号进行推广，拓宽渠道。

第三，线下推广也可同步进行。注意此类推广最好在校园内进行，如海报等，一方面，校园内的用户支持率高；另一方面，线下推广规范严格，在校园内进行可以避免踩到雷区。

第四，在可拿到较多资金支持的基础上，大学生可考虑搭载大型活动进行推广，如校园音乐节等，这种方式传播质量好、用户质量高。

（四）内容为王，提高质量

微信公众号是典型的“三秒钟”媒体，若三秒钟内无法吸引用户的注意力，就意味着已经失去这位用户的关注了。因此，对任何一个公众号而言，没有足够吸引人的内容，再多的粉丝基量都不会留存，也无法为创业提供支持，最终变成毫无互动价值的“僵尸粉”。为了避免这种状况发生，大学生在搭建创业类公众号时，需转换视角，不再以“我想表达什么”为出发点，而以“对方想看什么”为传播诉求。确定内容，并搭载丰富的形式，不再局限于“文字 + 图片”的枯燥表达，可适当融入长条漫、H5、小视频等，让推送变得有声有色。

（五）增强互动，转化粉丝

精彩的内容是为了吸引用户，但用及时有效的互动带动用户参与，将用户转换为购买方，提升用户黏性，才是公众号的重点。多设置能够吸引用户触及自动回复功能的内容，如在平台输入相关内容便可获得礼品等，这样就能了解用户的需求，提供更有针对性的推送。还需要组成人工回复团队，对一些无法自动回复的内容，由专门团队进行解答，加深对用户的了解。同时，可以开展多种粉丝活动，线上活动如评论抽奖、用户图片上传等，线下活动如粉丝福利生日会等，拉近与用户的距离。

第七章　新时期大学生众创空间的建设

高校众创空间是基于网络时代为满足高校师生乃至大众创新创业需求、体现高校特点、挖掘高校潜能、共享高校资源的新型创新创业服务平台，可以有效推进大学生创新创业活动的开展，许多高校通过建设学生创业扶持平台为学生创业实践活动提供帮助。本章分为大学生众创空间建设概述、大学生众创空间的运营机制、大学生众创空间科技成果的转化与发展趋势三部分。

第一节　大学生众创空间建设概述

一、大学生众创空间概述

（一）众创空间的定义及发展历程

1. 众创空间的定义

根据《国务院办公厅关于发展众创空间推进大众创新创业的指导意见》，将众创空间定义为：顺从国家创业浪潮和技术网络的特点和需求，为入孵初创型企业提供各类市场开拓、融资对接等专业服务，通过市场运营机制，构建价格低廉、性价比合适、办公便利、环境开放的创服平台的总称。

市场上对众创空间的定义分两方面：一方面是为“草根”人群提供低门槛、便利性的创新创业模拟和实训平台；另一方面是为创业者提供创业辅导、商业模式梳理、资本对接、人力资源、工商注册、团队整合、宣传报道、政府资源对接等多维度、多层次的创业服务生态体系。

普通百姓对众创空间的定义主要根据字面意思而来，主要含义为“众就是多、大家的意思，创就是创新创业的意思，空间象征着一个舞台、平台”，总结起来，众创空间就是一个帮助大家创新创业的工具。

国内某互联网巨头对众创空间的定义是“一个知道创业者如何创业的服务平台，创业者负责思考和行动，空间负责提供资源、资金对接、信息、技术共享等一系列的硬件支持，通力合作从而孵化出更多价值型企业”。

2. 众创空间的发展历程

众创空间属于舶来品，在国内发展周期短、效率高、速度快、影响广。众创空间之所以被全国人民熟悉，主要是国务院总理李克强多次在重要会议及场所大力提倡创新和创业，并通过实际走访和调查北京、深圳等地的众创空间运营情况，鼓舞各地区发展创新创业。

首次掀起创新创业浪潮是在 2014 年 9 月，国务院总理李克强提出要在全国范围内大力推广草根创业。2015 年的第一天，国务院总理李克强即考察代表性创客空间——柴火创客空间，并成为该空间 2015 年的第一个注册会员。他在考察柴火空间的过程中反复提到“大众创业、万众创新”，坚定了全国发展创新创业的信心。

2015 年 1 月，在国务院一次重要会议上，国务院总理李克强再次提及双创工作，并在会议中督促相关部委，强调尽快研究推进鼓励众创空间发展的政策和具体办法，同时将众创空间写进相关文件中，该事项对全国发展众创空间具有里程碑式的意义。

在国家大力推动下，科技部第一时间响应双创战略，于 2015 年 2 月率先发布支持政策，明确服务创新创业人群的最佳方式是建设众创空间，将众创空间作为政府和企业之间的桥梁，整合各方要素资源、落实各项支持政策，服务实体经济。3 月初，全国两会政府工作报告中，反复强调双创是国家产业转型、结构升级的有力方法。自此，众创空间的价值逐渐凸显，全国各地对众创空间的认知度不断提高。

2015 年 3 月，印发了众创领域的首份支持性政策文件——《国务院办公厅关于发展众创空间推进大众创新创业的指导意见》。该指导意见不仅是国家层面在众创空间领域的首部政策文件，还明确了众创空间行动计划。该指导意见指出，全国到 2020 年要形成一批有效满足大众创新创业需求、具有较强专业化服务能力的众创空间等新型创业服务平台。从此，全国各地政府部门相继发布多部政策性文件，鼓励有实力、有想法、有资源的企事业单位、研究机构、科研院所、高校、龙头企业建立众创空间。随后，又颁布《国务院办公厅关于加快众创空间发展服务实体经济转型升级的指导意见》。该指导意见对众创空间的发展作出了更为具体、可行的指示，强调梳理典型案例、通过活动营造氛围、鼓励媒体报道。该指导意见颁布后，全国掀起了众创热潮。

截至2020年初，根据科技部统计，全国众创空间累计超过9000家，另有大量没有及时备案和统计，数量每天都在不断增加。同时，众创空间根据不同地域、不同特色，已发展为多模式、多样态的局面，未来将呈现更加繁荣的一面。

（二）大学生众创空间的概念

大学生众创空间是以创新创业教育为基础的一种将联合办公与新型孵化器相结合，服务于大学生创新创业的孵化服务平台。从建筑学的角度来说，大学生众创空间是由创客办公空间、众创创新空间、创客展演空间、创新创业教育空间、创客“充电”空间和创新创业辅助空间组成的建筑空间。

大学生众创空间是从创新创业教育、实践、孵化服务等方面，实现打造校园创客文化，探寻众创空间的科教一体化、跨界融合、生产与教育一体化的发展途径，实现校园大学生创新创业的“无界化”。大学生众创空间是一个非营利性质的服务平台，是人才培养的试验园区，是开放式的资源聚集地，是实现知识产权和技术转移的中心，培养多样化和个性化的创新创业人才，并为他们的培养提供实践平台。

（三）大学生众创空间的分类

从发展类型上看，大学生众创空间多数以培训辅导型为主，以推动大学生创新创业教育为基础，是大学生创新创业实践的载体。大学生众创空间按功能分为科技创新类、电子商务类、创意设计类、商业服务类和综合类。大学生众创空间按承办类型分为高校独自承办型、校企合作型、学校政府合作型以及学校、政府、企业三方合作型。

（四）大学生众创空间的功能

大学生众创空间适用于现代高等教育理念和人才培养模式，协助推动高校开展创新创业教育工作，培养适应社会发展的当代大学生。

众创空间不仅激发了大众创新创业的活力，培育了众创时代的创新人才，提供了更多的就业形式，而且对国家的经济产业转型也具有重要意义。众创空间让创新不再是句空话，就中国经济而言，众创空间成为从“中国制造”到“中国创造”的有力推手。确切地说，国家积极推动众创空间的建设，目的是为创业者提供人才流、技术流、资金流、信息流等融为一体的新型孵化模式。大学生众创空间对大学教育转型、创新创业教育的有效开展、毕业生就业质量的提高等具有重要的现实意义。

（五）大学生众创空间的价值

众创空间能起到完美的集聚效应，高效整合各方资源，降低创业者创业门槛、创业成本和创业风险，帮助创业项目快速发展，实现从0到1或从1到N。众创空间在全国大范围推广的原因不是单纯为创业者提供办公场地，而是创建“创业超市”，提供各类基础服务、技术服务、资金服务等，以供创业者选择。每个众创空间或多或少都有自身优势和特色，根据众创空间运营人员或创始人员的资源、背景、经验等为创业者提供不同属性的服务，基本可涵盖工商注册、培训辅导、融资对接、财务咨询、法务咨询、活动沙龙、项目申报、媒体宣传等，能够解决创业企业缺乏资金、人才、市场、资源、经验、报道等问题。

众创空间是一个同时集资本、媒体、服务、信息、创业人群于一体的生态产业链，其服务贯穿创业初期至中期，从思路形成到产品研发再到市场推广，众创空间从始至终都起着重要作用。

对普通创业者而言，入驻众创空间，能够直接共享空间内的创业服务、经验及资源，有利于降低创业门槛、创业成本和创业风险，相比于独立发展，能够更高效地获取各类创业要素，大大提高资源整合效率和创业成功率。

对创投机构及创服机构而言，众创空间聚集了大量创业人群，无论是创投机构还是创服机构都可通过众创空间获得精准客户，特别是对创投机构而言，可大幅降低项目收集、筛选及尽职调查过程中的人力、物力、财力及时间成本。

二、大学生众创空间建设的原则

（一）复合化设计

大学生众创空间不仅仅是工作场所，更是一个培养新一代创业者的地方。在这里，青年创客可以进行创意的精神交流、迸发创意的火花，营造活跃的交流合作氛围。新的分工合作的创意工作理念也改变了工作空间的形式。过去规规整整格子间式的办公空间已经不能满足创客工作的需要，取而代之的是开放性的、自由的、流动性的、多元的工作空间。这些空间更有利于人与人之间的交流学习、兴趣的分享、知识的给予，让创客既能够自己钻研，又能相互学习沟通。在现代化的众创空间中，充满趣味的休息座椅、半开放的休憩区、舒适的咖啡区、开放的展示区、游戏健身区等场所都为创客提供了不同尺度的交往空间。大学生众创空间将学习、工作、生活、休闲融为一体，更符合创客多元化的心理需求。

（二）弹性化设计

弹性化空间也可理解为灵活性、可变性空间。如何塑造大学生众创空间的弹性化，从建筑设计的角度来说主要有两种方式：第一种是从围合建筑的界面入手，建筑外形和表皮的不稳定性，将直接或间接地影响内部空间，使其更具有多元性、灵活性和可塑性。这种处理手法多用于展览建筑和临时建筑。第二种是从界面所围合的内部空间开始，在空间的现有容量无法改变的情况下，可以从空间自身的流动性、开放性入手，用这种灵活多变的即时共享空间使内部空间得到最高效的利用和工作状态的兼容。

由于大学生众创空间是以创新创业教育和孵化大学生创新创业为主导，创客使用的周期短、流动性强，工作方式灵活多样，对空间的需求也不同于传统的办公空间，这也决定了大学生众创空间具有可塑性与灵活性。从内部空间入手来塑造具有弹性化的大学生众创空间，这种手法与建筑的结构体系、空间划分、功能布局以及家具的再划分有着密切的关系，在各部分空间的功能设计中有细致的体现。

此外，在建筑群的组合中，弹性化设计也是不容忽视的，尤其是在高校中，各个建筑的功能组团、形态等方面的弹性化，以及考虑校园未来规划的弹性化设计。

（三）文化性设计

在众创空间设计中，应结合校园文化和创新创业文化，建设符合大学生需求的大学生众创空间。高校应顺应创客的心理需求，追求个性化、避免程式化，将地域文化和创新创业文化融入大学生众创空间设计。通过建筑设计，展现创新文化、地域文化和中国本土文化，让设计更具有生命力。

将地域文化与创新文化相结合融入建筑设计，以中南大学元平方创客空间为例。元平方创客空间位于中南大学铁道学院内，这栋红砖房原来是一栋废弃的旧厂房，建于20世纪80年代，后来改造成了创客空间——元平方。在改造的过程中，建筑外立面并没有被过多地改动，而是保留了原有的红砖立面。建筑入口的室内设计较为符合中国园林障景的手法，一堵白墙将外面的喧闹隔绝，也藏住了内部的精彩。建筑周边绿树成荫，红砖的厂房风格让建筑跟环境浑然一体，内部的工业风设计让场所感更强。同时，室内空间的设计体现了它的创新性，自由的空间布局，以及空间的多样化利用，尤其是多功能自由区，可以是咖啡厅、电影院，也可以是会议室或路演大厅，供创客学习和交流。这种将创新文化与地域文化相结合运用到建筑中的方式，展现了文化带给建筑的生命力。

（四）艺术性设计

大学生众创空间建筑的空间特征为具有很强的创新活力、较强的空间自由表现力和文化艺术气息。正是大学生众创空间建筑的空间特征，使其有别于传统的建筑设计手法，不管是从室内环境设计到室外环境设计，还是从建筑单体到建筑组群，都可以大胆地运用符合大学生心理需求的色彩图案、光影、雕塑等元素，通过多元和变异的手法，创造出富有大学生活力的空间，不仅为校园建筑增添了一抹亮丽的色彩，而且使大学生对众创空间充满了向往。

三、影响大学生众创空间建设的因素

（一）大学生众创空间内创客活动的特点

随着互联网时代的到来，科技创新正在改变着人们的生活，人们已经进入众创的世纪。未来科技的发展，改变着人们的生活方式和工作方式。工作的界限越来越模糊，工作的形式和方式由工作者决定。现在的办公空间已经由格子间到联合办公空间再到任何一个有网络的地方，办公形式在向未来体验式、无界化的方向发展。随着科技的进步，创客对工作空间的需求也在不断变化。大学生众创空间面对的主要群体是大学生、教师、科研工作者等，他们接触的是前沿的新政策、新知识，拥有创新性思维，他们在众创空间中可以进行创意创新构想，将先进的科学研究技术转化为生产力，并应用于社会生产实践。调查问卷结果显示，创客更喜欢较为开放的空间中，既可以进行精神交流，又可以安静地工作。众创创新空间、创客“充电”空间是创客进行精神交流的场所，创客办公空间则可为其提供安静的工作场所。创客之所以来到创客空间，大多是因为自己的兴趣爱好，在这里他们可以遇到志趣相投的人，大家以共同兴趣为前提去完成一件事。最好的大学生众创空间，能够使创客全身心地投入创作，并能分享成功的喜悦。

（二）创客的行为特征与心理需求

影响大学生众创空间环境建设的最主要因素之一，即长期在大学生众创空间内实现自我价值目标的创客。根据文化经济学家理查德·弗洛里达（Richard

Florida）的研究，创客具有独特的精神气质，使他们有别于周围的人。这种精神气质会影响他们对工作方式和工作环境的选择。因此，在大学生众创空间的建设中，应充分考虑创客的需求。下面将对创客的行为特征与心理需求进行分析研究。

1. 创客的行为特征

创客行为在创客活动中起支配作用，创客活动是挖掘人的智力资源的过程，并通过创造性活动来实现。对创客的行为特征的研究是大学生众创空间建设的基础。

某一要素的功能特性并不是单独存在的，应将它放在特定的环境背景中才能发挥其作用，而许多可以共存的要素可以组合形成一个满足某些特定行为的场景。特定的行为场景将发生特定的行为，反过来，主体的行为特征也将影响其所处的环境。美国著名社会心理学家克特·巴克（Kurt Back）曾研究行为场景对行为的影响，并提出“行为场所”的概念。行为场所是活动与环境的稳定结合，包含三个主要因素重复出现的活动，即一组固定的行为模式、一个特定的环境设施以及两者之间适当的联系。在环境中，不同的行为场所相互联系，形成一个活动系统，活动系统反映了人们在收入、竞争、文化等限制条件下的动机、价值观和习惯以及与创客行为有关的因素，包括自由性、多样性、满足度、创新性等。基于以上因素，创客的行为特征研究分为以下三个方面。

①创客创意工作需要大量知识的储备，这一行为对创客工作环境的设计提出了较高的要求，高强度的创意工作需要轻松合作的工作氛围、适宜的交流场所、以人为本的设计原则。

②创客创新创业实践需要具有一定灵活性的场所，根据不同的阶段提供不同的物理空间。

③创客的行为，可以参照建筑师克里斯托弗·亚历山大（Christopher Alexander）在《建筑模式语言》中提出的“半私密办公室”模式。该模式有三个空间层次：私密性层次、灵活办公空间、工作小组。不同的空间层次对应不同的空间场所感。

2. 创客的心理需求

创客的心理需求是在创客自身的感觉、知觉和认知的基础上产生的主观心理活动。在大学生众创空间的设计研究中，应通过对创客心理需求的了解，研究如何从使用者的心理需求的角度出发建设大学生众创空间。

美国社会心理学家亚伯拉罕·马斯洛（Abraham H. Maslow）在《动机与人格》一书中，将人的需求从低级到高级分为相互交叉的五个层次。除了生理需求外，还有安全需求、社交需求、尊重需求和自我实现需求。对创客来说，在满足了最低的生理需求后，必将追求更高层次的心理需求。创客的心理需求大致分为以下几个方面。

（1）交往性

指人们相互交流的需求，实现思想信息的交流，建立人与人之间的关系，实现社会属性的定位。正如众创空间中的众创创新空间，它是一个开放性的形式多样的空间，可以为创客提供思想交流的场所。

（2）安全感

方位感和认同感是影响安全感的重要因素。当人处于陌生、封闭、缺少识别性信息的环境时，会产生压抑和恐惧心理，从而导致安全感缺失。因此，在空间设计中要注重创客对方位感和认同感的需求，对创客方位感和认同感需求的满足可以体现在以下方面：空间尺度的设计、空间主题色系的选择、空间界面纹理的设计、公共空间设计中家居场景的植入、及时引入自然空间等设计手法。

（3）归属感与个性化

大学生众创空间应在注重安全感的基础上，为创客提供个性化的活动空间，实现空间的领域性和归属感识别。创客办公空间的设计中，个性化显得尤为重要，个性化的空间体现了创客富有创意的精神气质，实现创客对空间的归属感认知。

（4）尊重感

是指创客通过创新创业实践得到自我及他人的认同，实现对自我和他人的尊重。

（5）自我实现

是指创客基于自身的兴趣爱好与专业知识，实现创新创业实践，并达到精神的自我实现，感受知识创新带来的精神愉悦。

四、大学生众创空间建设的优势与劣势

（一）建设优势

第一，学科门类齐全，资料丰富，有利于专业创新和交叉学科创新。

第二，指导教师理论知识较强。高校教师在科研上经验丰富，创新目光独到，可在大学生创业之初发挥咨询与方向指导的作用。

第三，科研条件较为优越。齐全的设备为创新点子的试验提供可能，优秀的科研团队导师为创新创业提供智力支持。

第四，大学生自身优势突出。大学生思维活跃、勇于创新、充满热情、敢于尝试，专业知识系统全面，易于组建创业团队。

第五，创新氛围浓厚。高校的创业比赛、创新创业主题讲座等活动丰富，交流气氛融洽，有利于激发创新创业点子的产生。

（二）建设劣势

1. 资金不足

高校毕竟不是大企业，没有强大的资金支持来建设众创空间。因此，其硬件和软件配备可能不如大企业那样完善。

2. 实践经验不足

一方面，缺乏专业的管理团队。部分高校众创空间以学校行政教师为领导班子，学生为助理进行管理，缺乏企业式的专业管理。另一方面，缺乏常驻的专业实践指导教师。部分高校众创空间只配备理论指导教师，缺乏一定数量的理论与实践均较为丰富的常驻指导教师。

3. 缺乏风险应对能力的培养

多数高校众创空间为创业团队提供低价甚至免费的办公场所，与企业在社会中的实际运营有差异，也因此导致部分创业团队缺乏因交付税收、办公场所租金等所致的资金不足的风险应对意识和规避能力。

4. 大学生自身的局限性

部分大学生在创业中存在盲目乐观、过于理想化、缺乏经验、眼高手低、市场意识淡薄、商业经验不足、利用人力资源时缺乏商业意识等问题，这些问题都会在一定程度上阻碍大学生创业的前进步伐。

5. 资金和创意不足

资金与创意不足是高校众创空间发展的两大阻碍。缺乏充足的资金，创意项目就无法落到实处；缺乏真正突出的创意，项目就很有可能被市场的大潮淹没，众创空间的人才培养也会因此变得无意义。

五、对大学生众创空间建设的建议

①高校可充分利用自身优势，引入更多创新创业团队与理论指导教师。

②高校可通过谈判与企业开展长期合作，为众创空间引入企业的专业项目管理团队与资金，并通过适当增加办公场所的租金等方式增强创新创业者的风险应对能力。

③高校应扩大众创空间在校园内的受众面，适度开放众创空间，以供普通学生参观学习，并增设创新创业指导课程，激发更多大学生的创新思维。

④高校应加强特色专业人才的培养，形成以特色专业创新带动创业成功率提高的新态势。

大学生众创空间是培养更多创新创业者的聚集地，只有不断探索，建设成为一个更加低成本、便利化、全要素、开放式的创业服务平台，才能真正帮助大学生实现自己的“创新创业梦”。

第二节　大学生众创空间的运营机制

一、大学生众创空间运营中现存的问题

（一）政策依赖性问题

众创空间于 2014 年 9 月首次在夏季达沃斯论坛上被提及以来，国务院及各地政府相继颁布多条鼓励政策，大力支持众创空间的发展，并通过典型案例、创业活动等形式不断营造创新创业氛围。

截至目前，全国多地已颁布对众创空间的具体补贴政策，如公共区域补贴、装修补贴、管理人才培训补贴、孵化企业补贴、公共技术平台等涵盖众创空间运营的成本补贴，甚至较多地域补贴属于前置补贴，即众创空间开办前可获取政策性补助，导致较多机构为了获取补贴，在缺乏相关行业认知的情况下直接开办众创空间。50% 以上的众创空间的主要收入来源为政府补贴，对政策的依赖性较高，缺乏“自我造血”的能力。如果众创空间想要突破政策依赖性，就必须尽早明确自身核心竞争力和价值所在。

（二）入孵企业质量有待提高的问题

众创空间除政府补助性收入以外，其他收入来源主要是房租差价、投资收益、

增值服务等。随着市场升温，众创空间数量不断增加，导致较多众创空间在招商过程中存在较大压力，无论质量优劣，只要企业愿意，便直接邀请企业进驻众创空间。

企业质量良莠不齐，导致众创空间在后期运营中存在四大问题：第一，企业质量有待提高，会出现一系列问题，如竞争能力受限、业务承接能力弱、缺乏稳定的现金流、经常性出现房租缴付压力等，从而给众创空间的资金回流带来较大压力；第二，企业质量有待提高，容易出现退租现象，在退租过程中，众创空间需要重新招商，从而存在房屋空档期，但空档期内运营机构自身需要承担房屋租金，导致整体利润率下降；第三，企业质量有待提高，投资难度较大，计划依靠投资获得长期收益的众创空间难以实现营收，风险性较大；第四，众创空间品牌主要取决于入孵企业的孵化成功率，通过成功孵化的案例和口碑相传树立众创空间的品牌，若企业质量有待提高，会导致缺乏宣传案例，且孵化成功率大幅度降低，不利于众创空间品牌推广及后期发展。

（三）无差异竞争问题

全国多个地方针对众创空间的发展设立了短期数量目标，但从双创角度而言，众创空间是集聚创业者、创服机构、创投机构的平台，从企业自身运营价值的角度而言，众创空间仅仅属于创业大军中的一员。目前市场上，部分众创空间都是短时间内成立的，尚未形成自身竞争力，二线城市普遍模仿北京中关村大街、深圳柴火创客空间等，一线城市主要模仿国外的 WeWork（众创空间）、YC（创业投资加速器）等，缺乏核心运营要素。

二、大学生众创空间的运营机制与模式

行业诞生以来，众创空间不仅数量快速增加，而且模式呈现百花齐放的状态，有以启迪之星为代表的培训型模式，以 COCO SPACE（可可空间）为代表的投资促进型模式，也有以 36 氪为代表的媒体型模式。在政府与民间双重力量的推进下，全国出现了一波又一波的发展浪潮，BAT（百度、阿里巴巴、腾讯）、TCL（创意感动生活）在内的龙头企业相继建设特色化的众创空间，促进了全国创业生态系统的进一步完善，武汉创客街区、杭州梦想小镇、重庆创业高地等众创空间集中区，正在加速聚拢创新创业资源。

（一）以区域位置差异分类

传统孵化器经过几十余年的发展，已从房屋租赁 1.0 版本，发展到投资与孵

化结合的 3.0 版本。在 3.0 版本孵化器的基础上，众创空间一经设立使形成区域性特色，如“北京模式”“西安模式”“上海模式”和“武汉模式”等模式，其中具有代表性的是“北京模式”，该模式的主要特色是“投资与孵化结合”“线上与线下结合”“企业与高校结合”。

（二）以模式类别差异分类

按照模式类别差异可将国内众创空间分为高校模式、咖啡模式、创客模式等。

1. 高校模式

高校开办的众创空间，入孵团队主要以在校学生或刚毕业不久的校友为主，通过校企合作、实验平台、教室资源为入孵团队嫁接技术、导师、校友、业务、资金等创业要素，帮助入孵团队从萌芽期成长至初创期。对于高校创办众创空间的模式，各部委大力支持。2016 年颁布的《教育部　科技部关于加强高等学校科技成果转移转化工作的若干意见》强调，要重点支持学生创新创业、支持高校创办众创空间、支持教师编制创新创业辅导材料、支持高校开展相关课程。国务院办公厅对高校发展众创空间也有明确支持意见，在其印发的相关指导意见中多次表明要鼓励全国各高校围绕自身特色或优势专业领域建设个性化众创空间，充分利用国家实验室、创业场地、实验室等资源，建设以研发人员为帮扶对象、以技术应用为方向的特色化众创空间。截至目前，全国包括清华大学、北京大学、华中科技大学在内的多所高校已创办院校众创空间，帮助在校生及校友实现产品规模化、思想产业化。其中华中科技大学大三学生付小龙开发的“恋爱笔记”App获得千万元天使投资，成为高校众创空间孵化企业成功的代表性案例；四川大学创办的众创空间获批国家发改委首批双创专项债券，支持金额达数千万，成为全国首家获得双创债券政策支持的高等院校。

2. 咖啡模式

咖啡模式即以咖啡厅为载体，通过售卖咖啡和简餐为盈利基础，免费为创新创业者提供办公要素，降低萌芽期创业团队的办公租金、水电等费用。该模式可聚集批量创业者，帮助拟创业人群找到志同道合的“小伙伴”，甚至能够帮助部分初创业者快速组建团队、高效融资。咖啡模式诞生于北京中关村，以 3W 咖啡在内的知名咖啡店为首，迅速推广至全国各地，到 2016 年为止，该模式是数量最多、发展最快、普及度最高的众创空间运营模式。2016 年初，国内多家知名度相对靠前的创业咖啡店已组建“中国创业咖啡联盟”，联盟不定期在全国开展相关活动，宣传咖啡众创模式。现阶段，较多创业咖啡店引入互联网因素，如“众筹 + 咖啡 + 众创”，使得该模式进一步推广和扩散，拓宽了咖啡店的资金来源渠道。咖啡众创模式在武汉也受到政府和民营企业的高度欢迎，甚至喊出“天天有咖啡、周周有路演”的口号，通过每月举办大型创业活动，鼓励创业者走进各创业咖啡店。

3. 创客模式

创客模式即通过轻松的环境、齐全的道具和设备聚集大量热衷于设计、创意、制造的人群，组织各类活动，如主体交流、创意分享、技术探讨等，将创客的创意和创新转换成标准化产品，实现商业价值。该模式主要以兴趣爱好为突破点，通过在空间内配置基础设施和普遍性需求设备，为创客提供操作平台，聚集具有相同兴趣爱好的人群，然后提供各类创业辅导和培训，帮助创客将想法转变为规模化产品。目前，已有部分创客空间走进小学和初中，通过展示有趣、有形的各类创意产品，激发学生动脑思考、动手创作的兴趣。

（三）以运营主体差异分类

1. 上市公司模式

上市公司模式即产业链模式。上市公司针对自身业务方向，建立众创空间，吸纳特定产业链上下游之间的创新创业人群，提供硬件创新创业条件（如办公室、实验室）和软件环境支撑（如业务资源、资金资源），发掘优秀创意和技术，通过收购或合作模式获取最新技术和创意，增强公司创新氛围，减少公司技术成本，提高产品竞争力。该模式主要源于 IBM（国际商业机器公司），IBM 为芯片研发、计算机相关研发团队提供办公场所、实验室等，帮助初创团队将想法变成具有价值的成熟技术，然后进行收购或投资，帮助技术转化成产品或帮助技术得到具体应用。该模式已受到全球各大公司的关注，目前国内多家上市公司也创办了相应的众创空间，如 TCL 创办的众创空间，免费为创新创业者提供办公场地，并且根据最新技术发展，配有全球先进的 3D 打印设备和小微企业无法触及的超级实验室，创业团队可随时免费共享 TCL 内部的技术专利、实验室、产业链和软件编码，满足创业团队的办公、研发、市场等全方位需求。

2. 地产模式

地产模式即由地产商打造的众创空间，空间通过为创业者提供办公必备硬件设施，如办公桌椅板凳、茶水间等，以及咨询、投融资、代账等软性服务的方式，吸引萌芽企业、小微企业及初创企业入驻。在国内，该模式被普及的主要原因是万科地产前副总裁毛大庆在离开万科后，立即以地产运营模式创办众创空间，且短期内在全国创办了几十家分公司，估值一度达到20亿元人民币，极大地鼓舞了传统地产商进入众创空间行业，加之地产行业受政策因素影响较大，特别是在三、四线城市，导致较多地产商寻找转型方向，因此，全国二、三线城市较多地产商纷纷在最优地段、以最优价格创办众创空间，截至2020年多家排名前列的地产商如花样年、SOHO中国、华夏幸福、上实发展等都创建了不同类型的众创空间，特别是华夏幸福已在北京、上海、深圳以及美国硅谷、韩国首尔、德国柏林、以色列特拉维夫等全球多地创建专注于不同行业的众创空间，已涵盖无人机、3D打印、智能制造、新材料等领域，致力于帮助初创团队实现产业化。

3. 国企运营模式

国企运营模式即由国企运营的众创空间，该模式的众创空间以国企身份为信任背书，能够快速、高效地招募入孵团队。国企进入众创空间主要有两方面原因：第一，受国家政策影响，国家大力发展众创事业，国企作为政策执行的“带头人”，有必要、有义务开展双创相关工作，而众创空间作为低门槛、低成本行业，必然受到国有企业的欢迎。第二，众创空间是较好的品牌宣传方式，国企传统业务缺乏可塑品牌，与普通百姓存在较大隔阂，在市场上难以形成口碑相传的效果。通过创办众创空间，国企可吸引较多创新创业者加入该物理空间，从而让更多的普通百姓全面了解国企、认可国企、宣传国企。

4. 民营运营模式

民营运营模式即由民营机构主体运营的众创空间，该众创空间以房租差价及政府补贴为主要收入来源。相比于其他类型的企业，民营企业的市场敏锐性更强、灵活度更高、反应速度更快，众创空间作为裂变式发展的行业，必然受到民营企业的高度关注。

（四）以业务开展方向分类

1. 培训模式

培训模式即以创业培训为依托，通过不间断的培训活动和强大的培训体系，吸引创新创业者参与，培育参与人群的创新和创业意识，搭建学习和交流平台，促进项目合作，激发参与人群的创新创业激情。例如，亚杰汇众创空间每年为入孵企业举办家庭式聚会、主题分享会、高端培训，每年累计场次数百次，并且组织创业导师、上市公司创始人、优秀创业 CEO 构成创业联盟，帮助初创企业嫁接各类资源、获取经验、提升能力，并通过活动的形式滚雪球式发展。

2. 活动模式

活动模式即通过举办大量创业大赛和不同类型的创业活动，如产品发布、产品展示、项目路演等活动，聚集大量创新创业人群，以形成规模化效应，其主要通过收取参与活动的人群的会费作为主要收入，会员分为创业模拟型会员、创业体验式会员、高端个性化会员等，按照不同级别收取不同金额的会费。

3. 投资模式

投资模式即以资本驱动，该模式分两部分：第一，以自有资金和基金进行投资；第二，聚集天使、风险投资等机构，然后依托其平台聚集的优质创业项目，进行双向撮合，精准性匹配创业项目和投资资金，为项目提供资金、为资金筛选项目。该模式已受到市场的高度热捧，无论是国有参股设立的投资机构还是民营自主发起的投资基金，都有大量成功投资案例。对投资机构来说，创建众创空间有三方面优势：第一，能够聚集大量优质企业，减少寻找项目的人力、时间、金钱等成本；第二，众创空间可作为投后管理的重要场地，能够为机构的已投项目提供大量传统基金无法提供的投后增值管理服务，解决创投基金投后无法管理的弊端；第三，众创空间汇聚创业人群、资源、服务、人气，对创投机构的品牌宣传具有较大帮助，对后期创投基金的募集有较好的背书作用。

4. 媒体模式

媒体模式即利用众创空间的媒体属性或媒体资源，为初创企业进行全方位的推广和宣传。该模式的优势是可以为企业提供传统媒体、新媒体及线上线下相结合的宣传，帮助创新创业企业不间断曝光，大大加大项目宣传力度，减小推广费用。该模式的典型代表为 36 氪空间。

5. 综合服务模式

综合服务模式即没有特别突出的单项，但其提供的服务可涵盖初创企业的各方面，包括项目申报、人力资源、运营推广、培训辅导、政策申请、媒体宣传乃至衣食住行等创业需要的所有服务，为创新创业人群搭建全方位的要素匹配对接平台。

三、大学生众创空间运营机制问题的应对策略

（一）实现校企合作

对于大学生众创空间的构建，主要是以学校为主体，但是学校应该加强与企业的合作、交流，从而为创业活动项目的实践提供一定的产业平台。在传统的运营机制中，学校往往将大学生众创空间全部承包给企业，这会在一定程度上影响众创空间教育职能的发挥，而学校独立承包大学生众创空间的运营，则会在程度上影响大学生的积极性，从而降低学生对创业项目的创新性。除此之外，对于学生独自运营的众创空间，其不仅具有很大的运营风险，还容易导致发展方向偏移，使其过分重视项目的经济效益，而忽视创业方面的教育。实现校企合作，不仅能够为创业项目的实践提供必要的企业资源与平台，还能够对其进行有效的教育，因此，学校应该在大学生众创空间方面加强校企合作。

（二）提供以创业项目为主的服务

创业项目是大学生众创空间的主要服务内容，因此，其全部服务都应该以创业项目为主，从而实现服务质量的提升。学校应该为满足学生创业项目的具体需求，提供基本的条件与平台，如政策、资金、人力以及企业平台等，从而更好地实现众创空间的发展与进步。以创业项目为主的服务，首先，应该实现众创空间运营的市场化，从而为项目的实践提供可靠、有效的平台；其次，学校应该建立高效的信息平台，拓宽学生获取信息的渠道，从而更好地提高信息获取的时效性，为创业项目的实践奠定基础；最后，学校可以加强对技术与相关机制的完善，通过技术辅导、融资平台等体系，提升众创空间的服务质量。

（三）完善顶层设计

顶层设计能够在很大程度上提升资源的使用效率，因此相关工作人员应该确定合理的考核标准，实现大学生众创空间运营的合理性与标准性。除此之外，学校还应该重视众创空间的运营质量，通过与具有实力与经济基础的企业合作，有效提升大学生众创空间的对外竞争力，实现其规模的拓展，积极引导学生的相关创业项目向各大领域发展。总而言之，顶层设计对大学生众创空间的整体运行来说具有非常重要的作用。

（四）政府职能的应用

政府相关部门应该鼓励大学生众创空间的建设，通过制定相关的政策与制度，

降低大学生的创业门槛，为其自主创业提供一定的便利，如简化企业登记程序、实现产业体系的改革、降低大学生创业税率等，从而鼓励大学生创业，提升其创新能力、自主意识等，营造更加良好的创业市场氛围，从而塑造符合市场需求的人才，进一步实现我国企业与经济的发展，将创业作为推动经济进步的主要动力。除此之外，政府还应该加强对相关方面的人才与物资投入，为大学生的创业提供更为优质、全面的环境与资源，有效调动大学生的积极性。

综上所述，大学生众创空间运营机制的改革对我国经济的发展来说起着非常重要的作用。目前，我国大学生的创业积极性普遍较高，因此，政府相关部门应该加强对大学生众创空间运营机制的完善，从而为大学生创业提供优质、完善的资源与平台，推动创业项目的稳步发展。另外，政策对于众创空间的运营也具有非常重要的作用，因此，国家应该加强对大学生众创空间的政策鼓励与支持，完善相关的制度体系，从而为众创空间的运营提供必要的依据。

第三节　大学生众创空间科技成果的转化与发展趋势

一、大学生众创空间科技成果的转化

（一）大学生科技成果转化的分类

大学生科技成果转化，从性质上分，可分为非商业性质的转化和商业性质的转化。非商业性质的转化涉及人才培养、学术会议、著作发表等无直接商业交易的内容。商业性质的转化涉及技术咨询（技术转让方为受让方提供专业的技术可行性论证、预测、分析和评价）、技术许可（技术转让方通过合法程序将科技成果直接转让给受让方，由后者进行商业化开发生产销售）、自主创业（创业者通过创办企业，使科技成果得到商业化开发并直接从大学走向市场，实现大学“高科技企业孵化器”的功能）。目前，大学生自主创业已成为大学生众创空间科技成果转化的一种重要形式。以硅谷的兴起为例，没有斯坦福大学这个必要条件，恐怕不会有现在的硅谷。斯坦福大学创业企业的总收入近些年来一直占据硅谷经济收入的 50%，没有斯坦福大学，硅谷也将黯然失色。

（二）大学生众创空间科技成果转化的现状

大学生众创空间的科技成果转化率低，一方面是因为大学生缺乏高科技含量的创业资源，创业人数的增加并没有带动大学生创业质量的提高；另一方面

是因为高校专利成果往往被“束之高阁”，没有投入市场去造福人类，导致巨大的浪费。

（三）大学生众创空间科技成果转化的支持体系

①需要国家支持大学生创业实践。政府应发挥政策引导作用，让有创业计划的大学生通过众创空间这个平台尽可能地降低成本尝试创业，营造鼓励创业的社会环境。比如上海市大学生科技创业基金会开展的“上海市大学生创业见习项目”、安徽省芜湖市政府出台了《机器人产业集聚发展若干政策》等。

②针对当前大学生创业意识的缺乏和创业能力的不足，需要高校的支持，充分整合众创空间以及院内教师资源，同时吸收外部资深兼职教师，组建一支创业教育教师队伍；采取大学生更乐于接受的实践性的学习模式，使学生在实践中提高创业技能。

③鼓励大学生参加高校开展的各类创业竞赛，结合自身感兴趣的内容或者创业创新实践过程中的研究内容拟订创业计划书；同时以竞赛为检验，从中了解创业知识、培养创业意识、提高创业能力、凝练未来创业方向；毕业后，以实际创业为延伸，继续执行自己的创业计划或者向自己感兴趣的方向自主创业。

④在大学生众创空间中，构建以新产品为基础的科技成果转化的培养模式，即通过专利成果或者由企业指导大学生进行产品的开发，为大学生的创业提供方向，从而有效避免大学生盲目选择创业项目或者创业创新过程中的各类问题。这样不仅能够解决产品研发人手不足的问题，而且有利于大学生获取创业创新经验。

大学生众创空间的自主创新成果不断涌现，通过政府一系列政策的支持，商校建立专业的师资队伍和创业实践性课程体系，以及构建以新产品和“互联网 +”为基础的科研成果转化的培养模式，利用产学研合作体系，引入企业投资模式，加快实现产业化，生产出满足消费者需求的、符合市场机制的新产品，从而实现大学生众创空间科技成果转化的目标。

二、大学生众创空间的发展趋势

（一）建设运营主体多元化

当前创新创业项目的培育越来越受到社会各界的关注，越来越多的机构开始参与其中，从创新源头解决自身的发展和壮大问题，如投资机构参与轻资产的众创空间建设运营，以物理载体更好地解决投前“蓄水”和投后管理问题；高校及科研院拥有相对充裕的闲置资产、先进技术、科研人员，同时又有科研成果产业化的需求和动力，通过建设运营众创空间既能够盘活物业资产，又能够推动校内、院内的科研人员把技术带出实验室，实现经济价值和社会效益；对龙头企业而言，其具有大量产业资源和资金优势，设立众创空间一方面可以激发内部创新活力，另一方面可以通过培育初创型企业来持续完善自身产业链上的创新要素，从源头上为公司战略发展储备合作伙伴和并购标的。

（二）特色化、专业化、垂直化的众创空间逐渐增加

当前既有众创空间主要是综合型，类型相似，分类不明显。随着行业的发展，未来众创空间将与细分领域结合，与兴趣爱好结合得更加密切，从功能、特色上开始细化和明确，从而衍生出不同方向、不同类型的特色化、专业化、垂直化的众创空间。

（三）与资本的关联度逐渐增加

资本是企业发展的助推器，无论是众创空间自身还是入孵企业，都需要靠资本推动。对资本而言，与众创空间结合的主要作用有：通过众创空间实体孵化与活动交流，可聚集大量优质企业，为股权投资打造“蓄水池”；众创空间能够为投后项目提供孵化、再融资、挂牌等投后增值管理服务，提高项目成功率；众创空间作为线下活动、孵化的载体，可将资本无形商誉转变为有形的品牌进行传播。因此，对入孵企业而言，资本对接能力将是企业选择未来众创空间的关键因素之一，有投资人背景、有投资机构参与、与投资机构密切合作的众创空间将越来越被创业企业所青睐。

（四）运营主体营利需求逐渐增加

众创空间运营单位自身就是一家企业，在企业经营过程中，必然考虑营利性。虽然众创空间运营带有半公益性质，能够依靠政府补贴政策，但终究来说，政策只是锦上添花，其目的是让众创空间运营效率更高、服务方式更周全。

目前，市场上部分众创空间为了运营而运营，不具备核心竞争力、不具备营利能力、不具备可持续发展模式，长期运营下去必然会出现市场性风险，因此在运营众创空间的过程中，必须探索营利模式和利润来源。

参考文献

［1］马雅红．大学生创新创业教育基础与能力训练［M］．北京：北京理工大学出版社，2016.

［2］王宏．高校大学生创新创业能力培育研究［M］．长春：吉林人民出版社，2017.

［3］耿丽微，赵春辉，张子谦．高校大学生创新能力培养与创业教育研究［M］．成都：电子科技大学出版社，2017.

［4］侯力红，姬春林．互联网＋大学生创新创业教育研究［M］．北京：科学技术文献出版社，2017.

［5］蒋雯，张晓芳．创新创业实践与能力开发［M］．上海：上海财经大学出版社，2017.

［6］秦波．大学生创新创业导引［M］．天津：天津科学技术出版社，2018.

［7］侯东东．"新工科"背景下大学生创新创业教育及其支持体系的理论探讨与研究［M］．成都：电子科技大学出版社，2019.

［8］黄德昌，展爱云，赵军辉，等．新工科视域下的大学生创新创业能力培养模式的探索与研究［M］．北京：中国农业大学出版社，2018.

［9］张钱．思想政治教育视域下大学生创新创业教育研究［M］．北京：光明日报出版社，2019.

［10］连银岭．大学生创新创业教育［M］．北京：北京理工大学出版社，2018.

［11］王凯，赵荣，李峰．大学生创新创业理论与实务［M］．上海：上海交通大学出版社，2018.

［12］武敬亮，田桂香．"大众创业、万众创新"背景下的大学生创新创业教育研究［M］．北京：国家行政学院出版社，2018.

［13］杨秀冬．当代高职大学生创新创业能力培养研究［M］．北京：九州出版社，2018.

［14］李爱华，杨淑琴．大学生创新创业教育［M］．上海：上海交通大学出版社，2018.
［15］汪艳，胡仁东．高校创新创业学院生成与发展研究［M］．青岛：中国海洋大学出版社，2019.
［16］何发胜，陈磊．“双一流”建设背景下的大学生创新创业能力培养与实践研究［M］．北京：中国纺织出版社，2019.
［17］高其胜．大学生创新创业基础［M］．长春：东北师范大学出版社，2019.
［18］魏发辰．创新创业与就业导论［M］．北京：北京交通大学出版社，2019.
［19］陈忠平，董芸．新形势下高校创新创业教育［M］．北京：冶金工业出版社，2019.
［20］姬建锋，万生新．大学生创新创业教育［M］．西安：陕西人民出版社，2019.
［21］杨彦栋，高广胜，王亚丽．创新创业基础教程［M］．长春：吉林人民出版社，2019.
［22］康海燕．“互联网 +”大学生创新创业实践教程［M］．北京：北京邮电大学出版社，2019.
［23］张景亮．大学生创新创业管理与人才培养模式研究［M］．长春：吉林科学技术出版社，2020.
［24］陈审声．基于“互联网 +”视角下的大学生创新创业教育［M］．北京：冶金工业出版社，2019.
［25］李晓聪．“玩”转你的创新创业之路［M］．上海：上海交通大学出版社，2020.
［26］翁士增．创新创业教育与实战［M］．杭州：浙江大学出版社，2020.
［27］钟之静．“互联网 +”大学生创新创业大赛蓝宝书［M］．广州：暨南大学出版社，2020.
［28］李素华，李涵，赵晓斌．应用型高校大学生创新创业能力提升途径研究［J］．教育教学论坛，2020（40）：192-193.
［29］陈忱．新时代大学生创新创业能力培养的途径探究［J］．开封文化艺术职业学院学报，2020，40（9）：115-116.
［30］薛一飞．当前高校创新创业教育实效提升的对策研究［J］．就业与保障，2020（17）：83-84.

［31］姜璐．关于高校大学生创新创业教育实践探讨［J］．环渤海经济瞭望，2020（10）：121-122.

［32］张文强．就业导向下应用型高校大学生创新创业能力培养研究［J］．就业与保障，2020（17）：85-86.

［33］木拉提·麦麦江，阿依先·艾力，郝鹏，等．“互联网+”背景下大学生创新创业的现状及对策分析：以新疆农业大学为例［J］．就业与保障，2020（18）：76-77.

［34］张蕾．产教融合校企合作对大学生创新创业能力培养的研究［J］．质量与市场，2020（19）：127-129.

［35］庞海鹰，塔娜．校企合作下大学生创新创业开展策略［J］．中小企业管理与科技，2020（9）：114-115.

［36］金成哲．以专业导师制推进大学生创新创业教育的路径探析［J］．教育教学论坛，2020（42）：144-146.

［37］付春权．高校大学生创新创业教育存在的问题及对策［J］．继续教育研究，2020（6）：78-81.

［38］袁媛．数字技术背景下大学生创新创业平台的建设研究［J］．信息记录材料，2020，21（9）：235-237.

［39］王雁飞．互联网时代大学生创新创业教育研究［J］．科技风，2020（24）：156-157.

［40］郑淑芬，朱燕，欧长贵．新经济时代大学生创新创业激励机制建设方案再探［J］．科技风，2020（24）：176-177.